Fundamente des Glaubens

Wolfgang Wegert

arche-medien Hamburg

Bibliografische Information Der Deutschen Bibliothek

Die Deutsche Bibliothek verzeichnet diese Publikation in der Deutschen Nationalbibliografie; detaillierte bibliografische Daten sind im Internet über http://dnb.ddb.de abrufbar.

Die Bibelstellen sind, wenn nicht anders angegeben, der Revidierten Elberfelder Übersetzung entnommen. „LÜ '84" kennzeichnet die Lutherübersetzung von 1984; „Hfa" die Übersetzung „Hoffnung für alle" und „Sch" die Schlachterübersetzung.

6. Auflage 2006

© 2000 arche-medien Hamburg
Satz: Titus Vogt, Hamburg
Umschlag: BoD Verlagsservice, Hamburg
Druck: ARKA, Cieszyn (Polen)
ISBN: 3-934936-00-8

arche-medien
– Verlag des Gemeinde und Missionswerkes ARCHE –
Doerriesweg 7
22525 Hamburg
Tel. (0 40) 54 70 50
Fax (0 40) 54 70 52 99
www.arche-gemeinde.de
info@arche-gemeinde.de

Inhaltsverzeichnis

Vorwort

„Fundamente des Glaubens" heißt das Büchlein, das Sie in Ihren Händen halten. Es hat aber nichts mit dem sogenannten religiösen Fundamentalismus zu tun, der sich durch seinen rücksichtslosen Fanatismus in der Welt bekannt gemacht hat, sondern es befaßt sich schlicht mit den Grundlagen des christlichen Glaubens.

Obwohl unsere inzwischen pluralistisch gewordene Gesellschaft immer noch christliche Traditionen und Feiertage pflegt, wissen aber nur noch sehr wenige, worin der wesentliche Inhalt des Evangeliums besteht. Hand aufs Herz, liebe Leserin, lieber Leser: Wissen Sie noch, was das christliche Symbol des Kreuzes wirklich bedeutet? Wir sehen Kreuze zu Tausenden auf Kirchtürmen und Altären, in öffentlichen Gebäuden und auch an Halsketten ohne Zahl. Aber wer weiß schon, daß der gekreuzigte Christus eine Botschaft trägt, die jeden Menschen persönlich etwas angeht?

Ist Ihnen bewußt, daß die Lehre von der „Rechtfertigung aus Glauben" schicksalhaft mit Ihrem Leben zusammenhängt? Vielleicht wissen Sie jetzt gar nicht, wovon ich rede? Dann geht es Ihnen wie Millionen kirchlich Getaufter, die ihren eigenen Glauben nicht kennen. Schade eigentlich. Denn der christliche Glaube will doch gerade Licht und Hoffnung in unser Leben bringen, und wir kümmern uns nicht darum. Und das, obwohl wir doch so viele quälende Fragen haben und den Weg heraus aus unserer menschlichen Schuldverstrickung nicht finden. Darum soll diese kleine Sammlung von Predigtauszügen und Aufsätzen dazu dienen, sich wieder auf die Fundamente unseres christlichen Glaubens zu besinnen.

Zurück zu den Wurzeln also. Deshalb geht es um die Frage, was denn eigentlich Glaube und Bekehrung ist, was Taufe und christliche Gemeinde ist. Was versteht die Bibel unter Gebet und Abendmahl? Natürlich können nicht alle Fragen des Glaubens in einem solchen Büchlein behandelt werden. Es ist ja auch nicht als theologisches Fachbuch gedacht, sondern neben der fundamentalen Information soll es praktische Anleitung geben, wie zum Beispiel der Glaube in Ihrem Herzen beginnen kann, wie er vertieft wird und aus welcher Kraft er ein Leben lang bleiben wird. Es geht also nicht allein um biblische Lehre als solche, sondern auch darum, daß sie, praktisch gelebt, gerade auch in unserer Zeit zu einem hoffnungsfrohen und reich erfüllten Leben führt. Das Evangelium ist auch heute noch die Antwort Gottes auf das durch Sünde verursachte Elend der Menschen und auch auf die vielen Schmerzen Ihrer eigenen Seele.

Darum bete ich zu Christus, daß dieses Büchlein auch Ihnen persönlich zum Heil und Segen werden möge.

Wolfgang Wegert

Hamburg, im Januar 2000

Um den Charakter der jeweiligen Predigten und Aufsätze nicht zu stark zu verändern, ist die Anrede („du", „Ihr", „Sie") nach dem Original beibehalten worden.

Vorwort zur 2. Auflage

Schneller als erwartet war die erste Auflage dieses Büchleins vergriffen. Das ist ein gutes Zeichen dafür, daß auch heute noch viele Menschen nach dem Evangelium fragen. Und weil ich glaube, daß es noch viel mehr sind, die sich gern mit den Fundamenten biblischen Glaubens befassen möchten, darum haben wir sogleich eine zweite Auflage drucken lassen. Möge auch sie vielen eine Hilfe auf dem Weg zum ewigen Leben sein.

Wolfgang Wegert

Hamburg, im Januar 2001

Die Gerechtigkeit Gottes[1]

„Und werden umsonst gerechtfertigt durch seine Gnade, durch die Erlösung, die in Christus Jesus ist. Ihn hat Gott hingestellt als einen Sühneort durch den Glauben an sein Blut zum Erweis seiner Gerechtigkeit wegen des Hingehenlassens der vorher geschehenen Sünden unter der Nachsicht Gottes; zum Erweis seiner Gerechtigkeit in der jetzigen Zeit, daß er gerecht sei und den rechtfertige, der des Glaubens an Jesus Christus ist."

(Römer 3,24-26)

Die Bibel erklärt uns, daß Gott nicht nur unser Schöpfer, sondern auch unser Richter ist. Deshalb ist die wichtigste Lebensfrage: **„Wie kann ein Mensch vor Gott gerecht werden?"** Aufgrund Ihrer gefallenen Natur schaffen auch Sie es nicht durch eigene Bemühungen und Werke. Darum stehen auch Sie unter der Verurteilung der unbestechlichen Gerechtigkeit Gottes. Das ist unser aller größtes Elend.

Aber in Seiner großen Barmherzigkeit hat Gott in Seinem Sohn Jesus Christus einen Weg gefunden, uns ohne *eigene* Gerechtigkeit dennoch vollkommen gerecht zu machen – und zwar frei und umsonst. Diese frohe Botschaft – auch *Evangelium* genannt – wird uns im Römerbrief besonders deutlich vermittelt.

Gott hat Jesus als einen Ort der Versöhnung und der Sühne hingestellt

Diese biblische Wahrheit ist einzigartig, denn in allen heidnischen Religionen ist es so, daß die Versöhnung von den Menschen ausgehen muß und sie Opfer bringen, um einen mißgestimmten Gott oder Götter zu besänftigen.

So lesen wir es z.B. auch in einer ganz bekannten Geschichte der griechischen Sagenwelt, in der Ilias von Homer.

---

[1] Predigt von Sonntag, 14. 12. 1997 / 09.30 Uhr

Sie schildert den Kampf um Troja, in dem eine Jungfrau namens Helena von einem Feind mit Namen Paris geraubt wird. Sofort versucht Agamemnon, der Heerführer der griechischen Armee, sie wieder zu befreien. Aufgrund eines starken Gegenwindes, den nach dem Glauben der Sage die Götter verursachten, ist es ihm aber nicht möglich, die Verfolgung aufzunehmen. Deshalb schlachtet Agamemnon seine eigene Tochter, um die Götter günstig zu stimmen. Tatsächlich legt sich der Wind, und Helena kann befreit werden.

In dieser Sage spiegelt sich das Denken fast aller Religionen wider. Da ist ein mißgelaunter, eifersüchtiger, zürnender, unzufriedener Gott, der dich am Vorankommen in deinem Leben hindert. Deswegen mußt du ihm Opfer bringen in dem Versuch, ihn milde zu stimmen und zu versöhnen.

Bei dem Gott der Bibel ist das Gegenteil der Fall. Nicht der Mensch opfert, sondern Gott bringt das Opfer der Versöhnung. Paulus sagt in unserem Text: *„Ihn [= Jesus] hat Gott hingestellt."* Die Initiative zur Versöhnung ist also von Gott selbst ausgegangen. Das gleiche lesen wir in 2. Korinther 5,19, wo es heißt: *„Nämlich daß Gott in Christus war und die Welt mit sich selbst versöhnte, ihnen ihre Übertretungen nicht zurechnete und in uns das Wort von der Versöhnung gelegt hat."* Gott selbst stellt Jesus proklamativ hin und sagt: „In Ihm seid ihr mit mir versöhnt."

Es ist also nicht so, wie man manchmal meint, daß Jesus erst mit großer Mühe den Vater umstimmen mußte, damit der doch gnädig mit uns sei. Nein, sondern das Evangelium, das Heil, die Versöhnung kommt aus des Vaters Herzen selber. Da ist eine Willenseinheit zwischen dem Vater und dem Sohn. Wir glauben nicht an drei Götter, sondern wir glauben an den Dreieinigen Gott, der eines Wesens ist. Natürlich unterscheiden sich Vater, Sohn und Heiliger Geist in Ihren Personen, aber Sie sind eins in Ihrer großen Absicht, Versöhnung zu schaffen für die Menschen.

Deswegen dürfen wir uns zu dem Vater nahen, obwohl Er aufgrund unserer Sünde zu Recht zornig mit uns ist. Aber Gott versöhnte die Welt mit sich selbst in Jesus Christus, sagt der Apostel (2. Korinther 5,19). Gott hat Ihn hingestellt, und so ist das Kreuz von Golgatha des Vaters Versöhnungszeichen. Er opferte Seinen geliebten Sohn als Sühnegabe für uns. Es heißt in Römer 3,25 weiter: *„zum Erweis seiner Gerechtigkeit wegen des Hingehenlassens der vorher geschehenen Sünde."* Sünde und Mißachtung Seiner Gebote ist das Schlimmste, womit Gott konfrontiert werden kann. Dies kann Er nicht einfach hinnehmen, sondern Er steht auf gegen das Unrecht, das die gesamte Menschheit gegen Ihn begeht.

Jemand sagte einmal zu mir, als ich mit ihm im Gespräch über Gott war: „Wissen Sie, Gott ist doch gnädig, wir kommen doch sowieso alle in den Himmel." Darauf erwiderte ich: „Da muß der Himmel aber ein ziemlicher Schweinestall sein." Das ist zwar drastisch ausgedrückt, entspricht aber der Wahrheit. Gottes Gnade besteht nicht darin, daß Er, wie wir sagen, „zwei Augen zudrückt" oder nicht mehr Recht von Unrecht unterscheiden könnte. Er ist kein ungerechter Richter, der Verbrechen ungestraft läßt, sondern Gott schafft Recht, wie es Paulus in dem gelesenen Vers (Römer 3,25) auch ausdrückt.

Gerechtigkeit am Kreuz von Golgatha

Gott erbringt im Kreuz von Golgatha *„den Erweis seiner Gerechtigkeit wegen des Hingehenlassens früherer Sünden"*. Was bedeutet das? Gottes Gerechtigkeit kam beispielsweise in der Sintflut eigentlich nicht vollkommen zum Zuge. Alle Menschen hatten gesündigt, und die meisten von ihnen starben auch als Strafe für ihre Sünde. Gott verschonte aber Noah und seine Familie, obwohl sie ebenfalls Sünder waren. Die gleiche Haltung Gottes finden wir noch in vielen anderen biblischen Berichten. So hatten auch die Israeliten gesündigt, aber es waren nur die Ägypter, die in der Flut des Roten Meeres umkamen.

Auch der große Sünder Lot hatte nicht verdient, daß er gerettet wurde, als Sodom und Gomorrha dem Erdboden gleichgemacht wurden.

Es sieht also so aus, als ob Gott im Umgang mit den Menschen der vorigen Heilszeit nicht ganz gerecht gewesen sei, als ob Er Ausnahmen machte und Sünde nicht bestrafte. Diese Frage klärt Paulus, indem er sagt: Jetzt beweist Er Seine Gerechtigkeit in dem Kreuz von Golgatha, indem Er die Sünden, die Er in der alten Zeit hat hingehen lassen, jetzt doch nicht hingehen läßt, sondern sie bestraft, aber nicht an den Übertretern, sondern stellvertretend an Jesus Christus. Gott ist ein unglaublich gerechter Gott. Er hat Sünde zuvor hingehen lassen, Er hat sie geduldet. Aber diese Duldung war nur ein Aufschub. Die Sünde ist aber schließlich doch bestraft worden in Christus *„unter der Nachsicht Gottes; zum Erweis seiner Gerechtigkeit"*.

Diese Ausübung der Gerechtigkeit Gottes am Kreuz von Golgatha betrifft aber nicht nur die Vergangenheit, sondern ebenso die Zukunft. So sind wir als Christen, als die Heiligen Gottes, nicht besser als die Welt. Deswegen macht Gott auch keinen Unterschied, sondern wir müssen alle gerichtet werden. Der Unterschied liegt nur darin, daß Gott für die Sünden Seiner Heiligen Seine Gerechtigkeit an Christus, dem Gekreuzigten, erweist, während die Menschen in der Welt die Strafe für ihre Sünde selbst tragen werden, wenn sie bis dahin nicht auch Christus als ihren Erlöser erkennen.

Alle Gerichte Gottes in dieser Welt sind Manifestationen von Seiner Gerechtigkeit. Aber nirgendwo manifestiert Gott Seine Gerechtigkeit so vollkommen wie in Christus am Kreuz. Hier rächt der Vater die Sünde Seiner Heiligen an Seinem Sohn. Und Jesus trägt die Strafe – Er wird geschlagen, erleidet alle Angst, allen Zorn und alle Trennung und ist gehorsam bis zum Tod. Dieser Erweis der Gerechtigkeit Gottes am Kreuz von Golgatha ist nötig, weil Gott vollkommen gerecht ist. Er kann keine Sünde ungestraft lassen und legt deswegen die Strafe auf Seinen Sohn. An Christus erweist Gott, daß Er gerecht ist. Das ist die eine Seite Seiner Gerechtigkeit.

Gott kann rechtfertigen

Darum kann Gott auf der anderen Seite auch rechtfertigen, und zwar jeden, der an Jesus Christus glaubt. Wie sieht diese Rechtfertigung aus? In Römer 3,21 heißt es: *„Jetzt aber ist ohne Gesetz Gottes Gerechtigkeit geoffenbart worden, bezeugt durch das Gesetz und die Propheten.“* Weil unser Herr Jesus Christus als der Erweis der Gerechtigkeit Gottes hingestellt wurde, weil Gott in Ihm alle Sühne geschaffen hat, weil Er an dem Stellvertreter ein gerechter Richter ist, darum werden du und ich umsonst gerechtfertigt, wie es auch in Vers 24 heißt: *„Wir werden umsonst gerechtfertigt durch seine Gnade, durch die Erlösung, die in Christus Jesus ist.“* Diese rechtfertigende Gnade Gottes gilt für alle Menschen auf dieser Erde, die an Jesus Christus glauben, und kennt somit keine Grenzen, sondern wird an jeden Glaubenden umsonst verschenkt, welcher Nationalität er auch sein mag.

Ich habe z. B. den Lebensbericht eines Japaners gelesen, der vor vielen Jahren, als noch gar kein Missionar in seine Gegend gekommen war, in einem abgelegenen kleinen Dorf lebte und noch niemals etwas vom Evangelium gehört hatte. Eines Tages macht er sich auf, um in einer großen Stadt einen Markt zu besuchen. Dort trifft er an einer Ecke auf einen Bibelverkäufer, der von Jesus Christus erzählt. Unser Freund sieht, wie viele Menschen zuhören, versteht aber selbst nicht, worum es eigentlich geht. Schließlich kauft er sich eine Bibel und macht sich wieder auf den weiten Heimweg. Zu Hause beginnt er gleich, in dem neuen Buch zu lesen, muß aber feststellen, daß sich dadurch für ihn viele Fragen ergeben. So beschließt er nach einigen Wochen, noch einmal in die Stadt zu fahren, um sich mit seinen Fragen an den Bibelverkäufer zu wenden. Doch der Platz an der Ecke ist leer, und der junge Japaner erfährt bei seinen Erkundigungen, daß der Christ aus einer weit entfernten Stadt stammt und nur äußerst selten in der Gegend ist. Traurig kehrt er deswegen unverrichteter Dinge nach Hause zurück und fährt fort, alleine die Bibel zu studieren. Dabei trifft er nach einiger Zeit auf Bibelstellen im Römerbrief, die von der Gerechtigkeit Gottes und von Seiner Rechtfertigung handeln. Und jetzt geschieht das Wunderbare! Gott schenkt es ihm in Seiner großen Gnade durch das Wirken des Heiligen Geistes an seinem Herzen, daß er versteht, daß er umsonst gerechtfertigt wird aus dem Glauben an Jesus Christus. Sein Herz jubelt, als er diese biblische Wahrheit erkennt! Er freut sich an seinem Herrn und Heiland, der für ihn alles gegeben hat, damit er gerettet werden kann.

So ist dieser junge Japaner ein lebendiges Beispiel für die große Gnade Gottes, die es möglich macht, daß ein Mensch alleine durch das Lesen der Heiligen Schrift und durch das Wirken des Heiligen Geistes zum ewigen Heil finden kann. Wir wollen uns an diesem jungen Bruder ein Beispiel nehmen. Er hat verstanden, daß die Rechtfertigung aus Glauben umsonst ist und wir dem nichts mehr hinzuzufügen haben.

Wir dagegen versuchen so oft, uns nach einer begangenen Sünde selbst zu rechtfertigen, besonders vor anderen Menschen, weil wir vor ihnen als Gerechte erscheinen und unsere Schuldgefühle besänftigen wollen. Dabei sind wir mit unserer Sünde keinem Menschen verantwortlich, sondern stehen mit ihr alleine vor Gott. Mein himmlischer Vater jedoch kennt mich mit meiner Sündhaftigkeit. Er hat mich damit schon vor Grundlegung der Welt gesehen. Wenn Er mich dennoch rechtfertigt aus Gnaden, bin ich dem anderen nichts schuldig, sondern darf leben, weil Gott mich in Jesus Christus gerecht gemacht hat.

Natürlich wird diese Gerechtigkeit, die uns von Gott in Jesus Christus geschenkt wird, automatisch zur praktischen

Gerechtigkeit. Die guten Werke folgen dem Glauben und der geschenkten Gerechtigkeit nach – das versteht sich von selbst. Denn wenn der Heilige Geist in uns lebendig ist, ist es Seine Aufgabe und Sein Ziel, uns Christus ähnlich zu machen. So sind unsere guten Werke das Resultat unserer Rechtfertigung, aber niemals der Grund dafür! Wenn du das verstanden hast, darfst du ein Ende damit machen, dich ständig selbst zu rechtfertigen. Deine Gerechtigkeit liegt nicht in dir selbst und auch nicht in deiner vermeintlichen Sündlosigkeit, die du hier auf Erden sowieso niemals erreichen kannst, sondern du bist geschenkweise gerechtfertigt worden durch den Glauben an Jesus Christus.

Wenn Menschen mit Schuldkomplexen leben, dürfen sie jetzt sagen: „Ich glaube an Jesus Christus, meine Gerechtigkeit." Dann können der Teufel und andere Menschen kommen und dich anklagen. Du aber bist niemandem etwas schuldig. *„Wer will die Auserwählten Gottes beschuldigen? Gott ist hier, der gerecht macht" (Römer 8,33; LÜ '84)*. So glaube an Jesus und sage: „Vater, ich preise Dich, daß Du Christus hingestellt hast als Erweis Deiner Gerechtigkeit und daß ich in Christus geschenkweise gerechtfertigt bin." Niemand kann uns beschuldigen wegen unseres Versagens, sondern wir dürfen Gott danken, daß wir umsonst gerechtfertigt sind durch Seine Gnade in dem Blut Seines Sohnes. In Jesu Namen. Amen.

Gebet

Vater im Himmel, im Lichte Deines Wortes erkenne ich, daß Du ein gerechter Gott bist, ich dagegen ein verlorener Sünder. Ich kann vor Deiner Heiligkeit nicht bestehen. Bitte schenke mir Gnade und Glauben an Dich und vergib mir meine Schuld. Herr, sei mir Sünder gnädig. Amen.

Rechtfertigung aus Glauben[2]

„Denn nicht durch Gesetz wurde Abraham oder seiner Nach-kommenschaft die Verheißung zuteil, daß er der Welt Erbe sein sollte, sondern durch Glaubensgerechtigkeit."

(Römer 4,13; lies Römer 4,13-21)

Abraham ist in der Bibel das klassische Beispiel dafür, daß ein Mensch allein aus dem Glauben und nicht durch gute Werke vor Gott Gerechtigkeit erlangt. Deshalb möchte ich dieses Beispiel verwenden, um zu erklären, was Gott unter „Rechtfertigung aus Glauben" versteht.

Abraham wird in unserem Text sinngemäß als „Vater aller Glaubenden" (Römer 4,11-12) bezeichnet, weil er *„gegen Hoffnung auf Hoffnung hin geglaubt hat, damit er ein Vater vieler Nationen werde" (Römer 4,18).* Ähnliche Zeugnisse über ihn finden wir auch im Galater-Brief, z.B. in Kapitel 3, Vers 7: *„Die aus Glauben sind, diese sind Abrahams Söhne."* Oder in Vers 9 heißt es: *„Folglich werden die, die aus Glauben sind, mit dem gläubigen Abraham gesegnet."*

Die Vaterschaft Abrahams

Wenn Abraham „Vater" genannt wird, hat dies eine ganz besondere Bedeutung. Es ist nämlich nicht davon die Rede, daß er ein Vorbild für die Glaubenden sein sollte, obwohl er das natürlich ist. Er wird auch nicht „Bruder" genannt, was auch sehr zutreffend wäre, da er als erster glaubte und wir seine Glaubensgeschwister sind.

Nein, in der Bibel ist – durch den Heiligen Geist inspiriert – der Ausdruck „Vater" gewählt, weil Gott damit etwas ganz Bestimmtes sagen möchte: Es handelt sich bei den Glaubenden nicht um eine Interessengemeinschaft von Menschen gleicher Weltanschauung, die ein gemeinsames Lebensprogramm haben,

---

[2] Predigt von Sonntag, 22. 03. 1998 / 09.30 Uhr

sondern es wird damit eindeutig klargemacht, daß wiedergeborene Kinder Gottes aus einem Samen stammen und daß eine echte Vaterschaft vorliegt.

Gläubige sind also nicht nur Menschen gleicher Überzeugung, sondern eine Nachkommenschaft, ein Geschlecht, wie Petrus schreibt: *„Ihr aber seid ein auserwähltes Geschlecht, ein königliches Priestertum, eine heilige Nation, ein Volk zum Besitztum, damit ihr die Tugenden dessen verkündigt, der euch aus der Finsternis zu seinem wunderbaren Licht berufen hat"* *(1. Petrus 2,9).*

Diese Nachkommenschaft des Glaubens geht, wie wir gelesen haben, auf Abraham zurück, der im geistlichen Sinn unser aller Vater ist. Seine Vaterschaft beruht auf einem göttlichen Samen, wie es Petrus in seinem 1. Brief in Kapitel 1, Vers 23 formuliert: *„Denn ihr seid wiedergeboren nicht aus vergänglichem Samen, sondern aus unvergänglichem durch das lebendige und bleibende Wort Gottes. "*

Es ist demzufolge unmöglich, ein Glaubender z.B. durch Erziehung oder Bildung, durch Bemühung oder eigene Anstrengung zu werden, sondern wer zu dem Volk Gottes gehören will, muß in seinem Herzen durch den Heiligen Geist von neuem geboren werden. So ist die Zugehörigkeit zu dem auserwählten Geschlecht nichts anderes als die Gnade einer Geburt. Deswegen ist es auch gerechtfertigt, wenn sich Glaubende Brüder und Schwestern nennen, denn wir sind Kinder Gottes, wie es in Johannes 1,12-13 heißt: *„So viele ihn aber aufnahmen, denen gab er das Recht, Kinder Gottes zu werden, denen, die an seinen Namen glauben; die nicht aus Geblüt, auch nicht aus dem Willen des Fleisches, auch nicht aus dem Willen des Mannes, sondern aus Gott geboren sind. "*

Innere Anlagen geistlicher Nachkommenschaft

Welche inneren Anlagen zeichnen diese geistliche Nachkommenschaft aus, wie verhalten sich Glaubende? Das läßt

sich wiederum besonders gut an dem Vater dieses Glaubens-
volkes feststellen, an Abraham. Wie der Name „Vater aller
Glaubenden" schon sagt, handelt es sich bei seiner Nachkommenschaft um Menschen, die glauben.

**Abraham empfing diese innere Anlage des Glaubens
durch Offenbarung**, als er bereits 70 Jahre alt war. Die Um-
gebung, in der er aufgewachsen war, in Ur in Chaldäa, war
geprägt von Heidentum und Götzendienst, und auch Abraham
selbst war ein Götzendiener, bis er mit 70 Jahren eine Offenbarung des einen wahren Gottes empfing. Stephanus schildert das
in seiner Predigt in der Apostelgeschichte so: *„Ihr Brüder und
Väter, hört! Der Gott der Herrlichkeit erschien unserem Vater
Abraham, als er in Mesopotamien war, ehe er in Haran wohn-
te" (Apostelgeschichte 7,2)*. Dies war der Anfang einer noch
weiterführenden Offenbarung des lebendigen Gottes, die Abrahams Leben absolut veränderte. Danach war er nicht mehr
derselbe.

Gott offenbarte ihm nämlich die Gerechtigkeit aus Glauben,
wie es uns Paulus ausführlich erklärt. Und Er gab ihm ver-
schiedene Verheißungen, von denen eine war, daß er ein Vater
vieler Nationen, ein „Vater vieler Glaubender", werden sollte.
Gott beschenkte Abraham also mit einem ewigen und zuverläs-
sigen Bund. Und mit dieser Offenbarung, in der auch Christus
schon als der Erlöser Seinen Platz hatte, legte Gott in sein Herz
lebendigen Glauben hinein. Im 1. Buch Mose wird die Reaktion
Abrahams beschrieben. Dort heißt es: *„Abraham glaubte dem
HERRN, und das rechnete er ihm zur Gerechtigkeit" (1Mose
15,6; LÜ '84)*. Die von Gott gegebene Offenbarung rief dem-
nach Glauben hervor.

So ist das auch noch heute. Alle, die heute zum Volk der
Glaubenden gehören, wurden aus unvergänglichem Samen
wiedergeboren, was nur über den Weg von Offenbarung geschehen konnte. Paulus sagt: „Als es Gott gefiel, seinen Sohn in
mir zu offenbaren, da wurde mein Leben anders, und ich fing

an, ihm zu dienen" (sinngemäß nach Galater 1,15ff). Wenn man dabei von „Bekehrung" spricht, könnte man dafür auch „Offenbarung Gottes" einsetzen, denn es ist der Heilige Geist, der die Menschen überführt und sie hinzieht zu Gott.

Der Same für die geistliche Nachkommenschaft Abrahams ist also sozusagen wie ein Anker im Herzen der Menschen, den Gott dort hineingelegt hat. So machen sie sich auf die Suche nach Gott, weil Gott sie zuerst gesucht hat, und lieben Ihn eines Tages, weil Er sie zuerst geliebt hat. Wenn du noch nicht zu dem Volk Gottes gehörst, aber einen Hunger nach Ihm und Seinem Wort verspürst, darfst du wissen, daß es auch bei dir der Heilige Geist ist, der dies in deinem Herzen offenbart. Alle wiedergeborenen Christen haben solche Offenbarungen Gottes gehabt, denn ohne sie und die Überzeugung durch den Heiligen Geist kann kein lebendiger Glaube entstehen.

Die innere Anlage des Glaubens von Abraham bewirkte Hoffnung: *„Der gegen Hoffnung auf Hoffnung hin geglaubt hat, damit er ein Vater vieler Nationen werde, nach dem, was gesagt ist: ‚So soll deine Nachkommenschaft sein.' Und nicht schwach im Glauben, sah er nicht seinen eigenen, schon erstorbenen Leib an, da er fast hundert Jahre alt war, noch das Absterben des Mutterleibes der Sara und zweifelte nicht durch Unglauben an der Verheißung Gottes, sondern wurde gestärkt im Glauben"* (Römer 4,18-20). Der Glaube des Abraham entbehrte also jeglicher natürlichen Hoffnung, war gegen Hoffnung, aber auf die Hoffnung hin, die ihm von Gott gegeben worden war.

Das sehen wir ganz deutlich an Abrahams Namen, der ja zuerst „Abram" hieß, was so viel wie „hoher Vater" bedeutet oder auch „Vater von vielen". Abram trug diesen Namen kinderlos bis ins hohe Alter, bis Sara der Verheißung Gottes nachhalf, indem sie ihm ihre Magd Hagar zur Verfügung stellte und sein Sohn Ismael geboren wurde. Es ist schon eine recht seltsame Vorstellung, wenn man bedenkt, was das für Abram im alltägli-

16

chen Leben bedeutet haben muß. Wenn er z.B. Besuch bekam und sich vorstellte, sagte er jedesmal: Ich heiße „Vater von vielen", mußte aber dann bei einer evtl. Nachfrage, wieviele Kinder er denn habe, zugeben, daß er keine, bzw. später nur einen Sohn hatte. Heutzutage hat ein Name ja keine Bedeutung mehr, damals aber schon. Wenn jemand „Müller" oder „Meier" oder „Schmied" hieß, dann war er das auch. Abram dagegen hieß nur „Vater von vielen", war es aber nicht. Deswegen dachte er daran, seine Neffen als Erben einzusetzen – zuerst Lot, später dann Elieser von Damaskus.

Mit 99 Jahren schließlich hatte Abram eine erneute Begegnung mit Gott. Daraufhin verkündete er seiner Familie, nun einen neuen Namen von Gott bekommen zu haben. Sicherlich ging jeder zuerst davon aus, daß Gott den ursprünglichen Namen ein wenig korrigiert und der tatsächlichen Situation angepaßt hatte. Wie groß war aber das Erstaunen, als Abram erklärte: „Ich heiße von nun an Abraham", was übersetzt heißt: „Vater von einer Menge von Nationen" oder „Vater vieler Völker". Auch Sara fand dies nicht nur unglaublich, sondern geradezu lächerlich, wie uns die Bibel nicht verschweigt.

Abraham aber hoffte und glaubte, wo es nichts zu hoffen gab, gegen Hoffnung auf Hoffnung hin. Er wurde nicht schwach, sondern hielt an der Verheißung Gottes fest, wie es auch in einem unserer Lieder ausgedrückt wird: „Gottes Verheißungen bleiben, sie wanken ewig nicht. Himmel und Erd mag brennen, Hügel und Berg mag schwinden. Doch wer da glaubt, wird finden: Gottes Wort bleibt stets wahr."

Das ist es, was Paulus in unserem Text aufgreift. Abraham hat nicht seinen eigenen, schon erstorbenen Leib angesehen und *„zweifelte nicht durch Unglauben an der Verheißung Gottes" (Römer 4,19-20)*. Er glaubte, daß Gott Seine Verheißungen erfüllt, auch wenn sie entgegen jeder menschlichen Vernunft waren. Und Gott ließ in ihm etwas aufbrechen, Er sagte zu ihm: „Abraham, komm raus aus deinem Zelt. Schau zum Himmel und zähle die Sterne. Komm mit ans Meer und zähle den Sand. So viele Kinder wirst du haben" (sinngemäß nach 1. Mose 15,5 und 22,17). Und schließlich heißt es: *„Abraham glaubte dem Herrn, und er rechnete es ihm zur Gerechtigkeit" (1. Mose 15,6; LÜ '84)*. Im Neuen Testament greift Paulus dies wörtlich im Römerbrief auf (Römer 4,3). Abraham glaubte an den Samen der Verheißung, an die geistliche Nachkommenschaft, an ein Volk reinen Herzens und an den kommenden Erlöser. Er glaubte das und hat es in von Gott geschenkter Weise festhalten dürfen, obwohl es nichts zu hoffen gab.

So sind Glaubende auch heute Menschen voller Hoffnung, die auf die Verheißungen Gottes bauen. Wir haben es dabei nicht mit einem erstorbenen Leib zu tun, aber mit unserem alten Wesen. Wenn immer wieder das Fleisch über uns herrschen will und wir in Sünde fallen, kann schon Verzweiflung aufkommen. Dabei ist es überhaupt nicht von Bedeutung, ob unsere Sünden groß oder klein sind – vor Gott ist jede Sünde ein Verbrechen. Dann aber dürfen wir dennoch zu unserem himmlischen Vater kommen und Ihn fragen: „Mein Gott, schaffst Du es, einen Sünder wie mich nicht nur gerechtzusprechen, sondern ihn schließlich zur Vollendung zu bringen?"

Ich bin so dankbar, daß wir die Antwort in Römer 8,30 lesen können, wo es heißt: *„Die er aber vorherbestimmt hat, diese hat er auch berufen; und die er berufen hat, diese hat er auch gerechtfertigt; die er aber gerechtfertigt hat, diese hat er auch verherrlicht."* Halleluja. Er hat das getan – und ich darf an dieser Verheißung festhalten. Wenn ich auch gar nichts sehe und auch heute wieder viele Sünden begehe, wenn mein Versagen groß ist, darf ich dennoch hoffen, obwohl menschlich nichts zu hoffen ist.

Wenn du auf dich selbst schaust und auf deine Sünde und dein Versagen, kann aus dir nichts mehr werden. Wenn du aber auf Jesus siehst und auf die Verheißung vertraust, kannst du auf

Hoffnung glauben, wo nichts zu hoffen ist. Dann bist du ein Mensch, der nie ohne Hoffnung ist. Deswegen gibt es keinen wirklich wiedergeborenen Christen, der nicht eine lebendige und herrliche Perspektive für dieses und auch für jenes Leben in der Ewigkeit hat. Natürlich beging auch Abraham eine Menge von Sünden, wie die Bibel berichtet. Aber er hielt dennoch fest an der Verheißung. Deshalb gilt schon für Abraham, was Paulus später formulierte, *„daß der, der ein gutes Werk in euch angefangen hat, es vollenden wird"* (Philipper 1,6).

Diese Verheißungen betreffen auch die Frage nach Erweckung und Bekehrung der Völker. Ich bin so gespannt, wie Gott sie erfüllen wird! Da ist zum einen die Verheißung der Vollendung der Heiligen und zum anderen auch die Verheißung der Bekehrung Israels. Und die Bibel sagt uns, daß auch die Bekehrung der Nationen mit eingeschlossen ist in den großen Heilsplan Gottes. So heißt es z.B. in Psalm 2,8: *„Fordere von mir, und ich will dir die Nationen zum Erbteil geben, zu deinem Besitz die Enden der Erde."* In Psalm 22 lesen wir: *„Alle, die mich sehen, spotten über mich"* (Psalm 22,8). *„Es werden daran gedenken und zum Herrn umkehren alle Enden der Erde; vor dir werden niederfallen alle Geschlechter der Nationen"* (Psalm 22,28). Und in Apostelgeschichte 15,17 heißt es über die Zukunft dieser Welt: *„Damit die übrigen der Menschen den Herrn suchen und alle Nationen, über die mein Name gerufen ist, spricht der Herr, der dieses tut."* Auch wenn es so aussieht, als ob die Welt immer schlechter werden würde, ist Gott dennoch in der Lage, Sein Wort zu erfüllen. Laßt uns das glauben und bezeugen und hoffen, wo nichts zu hoffen ist.

Das gilt auch für deine persönlichen Lebensumstände. Gott hat die Verheißung gegeben, Sein wunderbares Werk der Heiligung an dir zu vollenden – und was Er zusagt, das hält Er gewiß. Das darfst du für dich persönlich glauben und aus diesem Grund ein hoffnungsfroher Mensch sein. Gott segne dich!

Gebet

Lieber Vater im Himmel, ich danke Dir, daß Du uns in Deinem Wort Abraham als Vorbild des Glaubens vor Augen gemalt hast. Auch ich habe Dir nichts zu bringen, was Dich gnädig stimmen könnte. Auch ich bin darauf angewiesen, daß Du mir aus freien Stücken, aus Gnade, den Glauben an Dich schenkst, der mich rechtfertigt. Darum bitte ich Dich in Jesu Namen. Amen.

Jesus Christus deine Rettung[3]

„Und sie wird einen Sohn gebären, und du sollst seinen Namen Jesus nennen; denn er wird sein Volk erretten von seinen Sünden." *(Matthäus 1,21)*

Als Gott die Geburt Seines Sohnes ankündigte, machte schon Sein Name deutlich, welche Bestimmung auf Ihm lag. Denn im Traum sagte der Engel zu Joseph: *„Und Maria wird einen Sohn gebären, und du sollst seinen Namen Jesus nennen; denn er wird sein Volk erretten von seinen Sünden"* *(Matthäus 1,21)*. Menschen von ihren Sünden zu erretten, das war also der große Sendungsauftrag Jesu.

Warum von unseren Sünden? Warum nicht von Armut, Hunger und Arbeitslosigkeit? Warum will Er uns von unseren Sünden und nicht von den Kriegen und Katastrophen in der Welt erlösen? Wenn wir von Sünde reden, zucken die Menschen mit den Achseln und sagen, daß Sünde nicht ihr Problem sei. Sie empfinden, daß ihr Problem vielmehr die zu kleine Wohnung ist und zu wenig Geld. Für sie ist nicht ihre Sünde, sondern ihr Chef das Problem, oder auch die Regierung. Manche Leute wollen nicht von ihrer Sünde errettet werden, sondern von ihrer Frau. Das Wort *Sünde* scheint nicht mehr zeitgemäß.

Billy Graham erzählt die Geschichte eines Kirchenbeamten, der zu seinem Pfarrer kam, um mit ihm über dessen Predigten zu sprechen. Er sagte zu ihm: „Herr Pfarrer, wir Gemeindeglieder wünschen, daß Sie nicht so viel und so deutlich über die Sünde sprechen. Warum sprechen Sie nicht einfach von Fehlern oder von Irrtümern, aber bitte sprechen Sie nicht so offen von Sünde." Der Geistliche ging zu einem hohen Regal, holte eine Flasche mit Gift herunter und zeigte sie seinem Besucher. Die Flasche war mit großen roten Buchstaben deutlich gekenn-

---

[3] Predigt von Sonntag, 27. 08. 1995 / 09.30 Uhr

zeichnet: „Gift! Nicht anrühren!" „Was sollte ich nach Ihrer Meinung tun?", fragte der Geistliche. „Meinen Sie, daß es klug wäre, diese scharfe Aufschrift zu beseitigen und sie durch eine andere zu ersetzen, etwa ‚Pfefferminz-Essenz'? Sehen Sie nicht ein, daß Sie das Gift um so gefährlicher machen, je harmloser die Aufschrift klingt?"[4] Ich glaube, der Kirchenälteste hatte die Sachlage begriffen. Aus diesem Grund bleibt auch die Bibel hartnäckig bei dem Ausdruck Sünde und sagt, daß wir gerade von ihr gerettet werden müssen. Denn:

Sünde ist die Wurzel unseres Elends

Warum gibt es soviel Gewalt, Terror und Krieg? Warum leidet die Menschheit unter Kriminalität, Vergewaltigung und Mord? Warum hungern Milliarden Menschen auf unserer Erde, während andere so reich sind, daß sie in Champagner baden und ihre Hunde Hummer und Kaviar fressen? Warum schaffen wir es nicht, daß alle Menschen in Frieden, Freiheit und Gerechtigkeit leben? Warum muß es noch Waffenschiebereien, Drogenhandel und Schmiergeldaffären geben? Warum vergiften wir uns gegenseitig unsere Umwelt? Warum sind so viele Ehen zerrüttet und so viele Familien zerbrochen? Warum ermordet ein Mann seine eigene Frau und eine Mutter ihre Kinder? Warum belügt ein Verkäufer seine Kunden? Warum, warum, warum?

Es ist nicht Gott, der für das Elend in dieser Welt verantwortlich ist, sondern wir selbst. Wir selbst, der Homo sapiens, richtet sich selber zugrunde. Und die Ursache ist die Sünde. Sie ist das Übel. Sie ist ein schrecklicher Fluch für die Menschheit. Aber sie wohnt in einem jeden von uns. Die Bibel sagt: *„Denn das Dichten und Trachten des menschlichen Herzens ist böse von Jugend auf" (1. Mose 8,21; LÜ '84).* Im Römerbrief sagt Gottes Wort: *„Da ist kein Gerechter, auch nicht einer; ... Alle*

---

[4] Billy Graham. Friede mit Gott. R. Brockhaus Verlag: Wuppertal, 1970, 8. Taschenbuchauflage. S. 40

sind abgewichen, ... da ist keiner, der Gutes tut, da ist auch nicht einer. Ihr Schlund ist ein offenes Grab; mit ihren Zungen handelten sie trügerisch. Otterngift ist unter ihren Lippen. Ihr Mund ist voll Fluchens und Bitterkeit. Ihre Füße sind schnell, Blut zu vergießen; Verwüstung und Elend ist auf ihren Wegen, und den Weg des Friedens haben sie nicht erkannt. Es ist keine Furcht Gottes vor ihren Augen. ... Denn alle haben gesündigt und erlangen nicht die Herrlichkeit Gottes" (Römer 3,10-18+23).

Die Sünde ist eine schreckliche Tatsache, ob wir sie wahrhaben wollen oder nicht. Jede Zeitung oder Zeitschrift, die wir aufschlagen, liefert Beweise für die Realität der Sünde. Sie ist wie eine schreckliche Krankheit, die niemals heilen will – Haß, Selbstsucht, Lüsternheit, Streit, Betrug, Mord usw. Allein die Tatsache, daß es Polizisten, Gerichte, Gefängnisse und Soldaten gibt, ist ein Beweis dafür, daß irgend etwas falsch ist.

Letztendlich ist die Sünde nicht nur die Ursache für das menschliche Elend, sondern auch für den Tod, den wir sterben. Gäbe es die Sünde nicht, dann gäbe es auch keinen Tod. Die Bibel sagt: *„Denn der Lohn der Sünde ist der Tod, die Gnadengabe Gottes aber ewiges Leben in Christus Jesus, unserem Herrn"* (Römer 6,23). Daß der Lohn für die Sünde buchstäblich der Tod sein kann, haben wir oft genug gesehen. Wieviele Menschen sind nicht schon durch Hurerei und Perversion krank geworden und dann zu Tode gekommen? Wieviele mußten nicht schon ihre Sauferei mit dem Leben bezahlen? Es wurde berichtet[5], daß in einem Flugzeug, das auf dem Wege von Zürich nach Beirut war, ein Passagier anfing zu stöhnen und zuletzt zu schreien, daß er ersticke. Sein Name war Josef Pasatour. Das Flugzeug mußte zwangsläufig in Athen zwischenlanden, um den armen Mann ins Krankenhaus zu schaffen. Dort

---

[5] Paul Lee Tan. Encyclopedia of 7700 Illustrations: Signs of the Times. Assurance Publishers: Rockville, 1979[1], 1988 (10. Druck). Nr. 5713

angekommen, war er bereits tot. Als man ihn entkleidete, entdeckte man, daß Pasatour ein Schmuggler war. Er hatte sich unter einem Leibkorsett 1500 teure Schweizer Uhren umgebunden, die ihm die Luft abdrückten. Sünde schnürt uns in der Tat die Luft zu einem glücklichen und sinnerfüllten Leben mit Gott ab. Darum brauchen wir dringend einen Erretter von unseren Sünden.

Es gibt noch einen zweiten Grund, weshalb wir von der Sünde errettet werden müssen:

Wir können uns nicht selber helfen

Die Sünde ist ein schreckliches Gesetz in uns Menschen geworden, das wir nicht abschütteln können, obwohl wir danach seufzen. Die Bibel gebraucht zwar den Begriff Erbsünde nicht, sagt aber: *„Kann wohl ein Reiner kommen von Unreinen? Auch nicht einer!"* (Hiob 14,4; LÜ '84). Es ist also unmöglich, daß ein Mensch, von Menschen gezeugt, nicht Sünder ist. Paulus beschreibt den Druck dieses Gesetzes so: *„Denn ich weiß, daß in mir, das heißt in meinem Fleisch, nichts Gutes wohnt. Wollen habe ich wohl, aber das Gute vollbringen kann ich nicht. Denn das Gute, das ich will, das tue ich nicht; sondern das Böse, das ich nicht will, das tue ich. Wenn ich aber tue, was ich nicht will, so tue nicht ich es, sondern die Sünde, die in mir wohnt. So finde ich nun das Gesetz, daß mir, der ich das Gute tun will, das Böse anhängt. Denn ich habe Lust an Gottes Gesetz nach dem inwendigen Menschen. Ich sehe aber ein anderes Gesetz in meinen Gliedern, das widerstreitet dem Gesetz in meinem Gemüt und hält mich gefangen im Gesetz der Sünde, das in meinen Gliedern ist. Ich elender Mensch! Wer wird mich erlösen von diesem todverfallenen Leibe?"* (Römer 7,18-24; LÜ '84). Wir haben das alle schon persönlich feststellen müssen. Wir haben den Vorsatz, ein besserer Mensch sein zu wollen, aber wir schaffen es nicht.

Ein Ehemann kam zusammen mit seiner Frau zu mir zu einem seelsorgerlichen Gespräch. Die Frau hatte blaue Flecken im Gesicht, und der Mann schluchzte. Dann schrie er vor Verzweiflung: „Herr Pastor, ich will es nicht, ich will es nicht, ich habe eine herzensgute Frau, aber wenn ich zornig werde und die Wut mich packt, dann schlage ich sie. Es tut mir so leid!" Wie ich dann anschließend erfuhr, ging das schon seit Jahren so. Das brutale Gesetz der Sünde ist wie die unüberwindliche Erdanziehungskraft, es zieht uns immer nach unten. Wieviele Tränen und wieviel Herzeleid, wieviel Unglück und Krieg hat die Sünde über die Menschheit gebracht.

Der bekannte Pfarrer Busch aus Essen hat einmal versucht, seinen jungen Zuhörern die Macht der Sünde so zu illustrieren: „Stellt euch einmal vor, wir haben von Natur einen eisernen Ring um den Hals. Und jedesmal, wenn ich sündige, wird ein Kettenglied angeschmiedet. Ich habe zum Beispiel einen schmutzigen Gedanken: ein Kettenglied. Ich habe böse geredet über andere Leute: ein Kettenglied. Unehrlichkeit und Lüge: wieder ein Kettenglied."[6] Überlegen Sie einmal, wie lang die Kette ist, die wir hinter uns herschleifen! Nennen wir sie die Schuldkette. Schuld ist real vor Gott, auch wenn man diese Kette nicht sieht. Hier liegt der Grund, warum die Menschen nicht wirklich glücklich werden können. Obwohl sie es weitgehend so gut haben, sind sie doch unbefriedigt und traurig. Es ist die verborgene Schuldkette, die depressiv und unglücklich macht. Wir können uns nicht selber helfen, wir sind unter die Sünde verkauft und Sklaven der Sünde geworden. Wie niemand seinen eigenen Schatten überspringen kann, kann niemand in dieser Welt ohne Sünde sein, auch wenn er sich noch so anstrengen würde. Es ist vergebliche Mühe. Eine Wühlmaus sollte niemals versuchen, fliegen zu wollen. Sie schafft es nicht.

---

[6] Wilhelm Busch. Jesus unser Schicksal. Schriftenmissions-Verlag: Gladbeck, 1971[5]. S. 13

Es sei denn, sie würde in einen Vogel umgewandelt. So ist es mit uns Sündern.

Wir brauchen einen, der uns umwandelt, der uns eine neue Natur verleiht, einen, der uns von unserer Sünde errettet. Das ist Jesus Christus. Er ist unser Heilmittel für unsere Sünde. Viele Menschen glauben, man könne mit der Verderbtheit der menschlichen Natur auch ohne Jesus fertig werden. Man hat es mit Psychologie und Hypnose versucht oder auch mit Willenskraft. Aber welche Methode man auch anwendete, es wurde immer nur Schuld verdrängt, nicht aber getilgt. Wenn giftiges Gas ausströmt, sollte die Hausfrau nicht versuchen, wohlriechendes Parfum zu zerstäuben, um den furchtbaren Gasgeruch zu verdrängen. Sie sollte die Gefahr wirksamer bekämpfen und den Gashahn abdrehen. Genau das hat Jesus getan. Johannes der Täufer rief es laut aus: *„Siehe, das ist Gottes Lamm, das der Welt Sünde trägt!" (Johannes 1,29; LÜ '84).* Gott kam in Seiner Liebe in Jesus Christus zu uns ins Fleisch. Als schuldloser Sohn Gottes starb Er für uns als Lamm Gottes am Kreuz. Er hing dort an meiner und an deiner Stelle. Eigentlich hätten wir die Strafe verdient, denn es waren und sind unsere Sünden, für die wir selbst zur Rechenschaft gezogen werden müßten. Aber die Bibel sagt: *„Das Blut Jesu, seines Sohnes, macht uns rein von aller Sünde" (1. Johannes 1,7; LÜ '84).*

Ewige Trennung von Gott

Ein weiterer Grund, warum wir von der Sünde Errettung brauchen, ist die ewige Trennung von Gott. Gott ist heilig, und bei Ihm ist keine Sünde, und Er kann Sünde nicht ertragen. Das einzige, was Gott nicht kann, ist sündigen. Sein Wesen ist Wahrheit. Wenn Er lügen würde, wäre Er nicht mehr Gott. Deshalb kann nur Wahrheit in Seiner Gegenwart bestehen.

Die ersten Menschen waren zunächst ohne Sünde und hatten deshalb ungetrübte Gemeinschaft mit Gott. Das war buchstäblich paradiesisch. Sie hatten Frieden, Gesundheit, Wohlstand und sogar Unsterblichkeit. Aber dann kam die alte Schlange, wie die Bibel den Teufel nennt. Sie hat es verstanden, das Gift der Sünde sozusagen in die Blutbahn der Menschheit zu bringen. Seit dieser Zeit leidet die menschliche Rasse, gleich welcher Hautfarbe, an akuter Blutvergiftung – gemeint ist, an akuter Vergiftung ihres Denkens. Plötzlich zog Mißtrauen und offene Rebellion gegen ihren Schöpfer ins Herz der Menschen. Sie fingen an zu sündigen und verloren ihre Heiligkeit und Reinheit. Plötzlich versteckten sie sich vor Gott. Die Gemeinschaft war zerbrochen, der Friede war weg. Adam und Eva mußten aus dem Paradies Gottes vertrieben werden. Seitdem lebt der Mensch in ewiger Trennung friedelos und rastlos in dieser Welt, bis er auch ohne Gott stirbt und auf ewig von der Gemeinschaft mit Gott ausgeschlossen ist. Das nennt die Bibel Hölle. Deshalb brauchen wir Errettung von unserer Sünde. Darum kam Jesus, um zu suchen und zu retten, was verloren ist. Nun stellt sich natürlich die Frage:

Wie errettet uns Christus von der Sünde?

Die erste Antwort lautet: **Durch Sein Leiden und Sterben am Kreuz.** Christus wird in der Bibel auch der zweite Adam genannt. Der erste hatte versagt, der zweite war der Sohn Gottes und versagte nicht. Als Jesus vom Geist in die Wüste geführt wurde, wurde auch Er vom Teufel versucht. Aber Jesus fiel der Verführung nicht zum Opfer. Er blieb heilig und sündigte niemals. Obwohl wir eigentlich selbst für unsere Sünden hätten sterben müssen, ging Christus unschuldig und freiwillig ans Kreuz, um stellvertretend für uns Gottes gerechtes Gericht zu erdulden. Weil Gott ein gerechter und heiliger Gott ist, muß Er die Sünde strafen. Und weil Christus nun die Sünden der Menschen auf sich genommen hat, darum trifft Ihn die Strafe Seines Vaters. Deshalb rief Er am Kreuz aus: *„Mein Gott, mein Gott, warum hast du mich verlassen?"* (*Matthäus 27,46; LÜ '84*). Deshalb sagt die Bibel: *„Denn er hat den, der von keiner Sünde wußte, für uns zur Sünde gemacht, damit wir in ihm die*

Gerechtigkeit würden, die vor Gott gilt" (2. *Korinther 5,21; LÜ '84).* An anderer Stelle heißt es: *„In ihm haben wir die Erlösung durch sein Blut, die Vergebung der Sünden, nach dem Reichtum seiner Gnade"* (*Epheser 1,7; LÜ '84*).

Auf der Grundlage Seines vergossenen Blutes schenkt Christus denen, die an Ihn als ihren gekreuzigten Erretter glauben, **Vergebung der Sünden.** Durch Christi Tod am Kreuz sind nicht automatisch alle Menschen von ihren Sünden gerettet, sondern nur die, die an Seinen Namen glauben. Deshalb heißt es auch in Matthäus 1,21: *„Denn er wird sein Volk erretten von seinen Sünden."* *„Sein Volk"* – das umfaßt alle Menschen, die sowohl vor oder auch nach der Erlösungstat auf Golgatha gelebt haben und leben und die durch die gnädige Erleuchtung des Heiligen Geistes an Jesus als ihren Erlöser glaubten und glauben.

Der erste dieses Volkes war Abraham. Er hat lange vor Christus gelebt und doch schon an Ihn geglaubt. Er glaubte, weil es ihm als ersten vergönnt war, den Tag Christi zu sehen, wie Jesus es sagt (Johannes 8,56). Der letzte wird der sein, der als letzter an Christus als seinen Erretter glauben wird. Dann ist die Zahl voll, und der Tag des Herrn ist da. Das ist die „Ekklesia"[7], das herausgerufene Volk der Gläubigen, denen Gott wie Abraham ihren Glauben zur Gerechtigkeit rechnet. Paulus beschreibt dieses Volk auch mit folgenden Worten: *„Jesus hat sich selbst für uns gegeben, damit er uns loskaufte von aller Gesetzlosigkeit und sich selbst ein Eigentumsvolk reinigte"* (*Titus 2,14*).

Mein Freund, gehörst du zu diesem Volk? Wenn du nicht um Vergebung und Errettung von deiner Sünde bittest und glaubst, daß Jesus allein dir deine Schuld vergeben kann, wirst

---

[7] Das griechische Wort „ekklesia" wird im Neuen Testament in der Regel mit „Gemeinde" übersetzt. Es stammt von dem Verb „ek-kaleo = heraus-rufen" ab.

du nicht dazugehören. Wenn du aber Buße tust und deine Sünde bekennst und läßt, dann wird das Blut Jesu Christi auch dich von deinen Sünden reinigen: *„Wenn wir unsere Sünden bekennen, ist er treu und gerecht, daß er uns die Sünden vergibt und uns reinigt von jeder Ungerechtigkeit"* (1. Johannes 1,9).

Gebet

Herr Jesus Christus, auch ich bin verloren, und mein Leben ist voller Sünde. Lange Zeit meines Lebens habe ich das nicht gewußt. Aber jetzt erkenne ich meinen verlorenen Zustand. Ich will mich aufmachen und zu Dir, dem Retter meines Lebens, umkehren. Danke, daß Du mich nicht zurückstößt. Amen.

Zum Glauben geboren[8]

„Jesus antwortete und sprach zu Nikodemus: Wahrlich, wahrlich, ich sage dir: Wenn jemand nicht von neuem geboren wird, kann er das Reich Gottes nicht sehen." *(Johannes 3,3)*

Der Ehemann einer sehr gläubigen Frau antwortete auf die Frage, ob er sich nicht dem christlichen Glauben zuwenden wolle: „Ach, wissen Sie, ich bewundere meine Frau, und manchmal habe ich mir auch schon gewünscht, zu glauben wie sie. Aber, wissen Sie, ich bin dazu nicht veranlagt." Er argumentierte und stritt also nicht gegen den Glauben, sondern meinte nur, daß dazu eine besondere innere Veranlagung nötig sei, die seine Frau wohl besäße, er aber nicht. Vielleicht sind Sie verblüfft, wenn ich Ihnen sage, daß der Mann recht hat. Zum Glauben gehört tatsächlich eine entsprechende innere Disposition.

Allerdings muß man allgemeine Naturanlagen, wie sie zum Beispiel Musiker, Maler oder auch Mathematikgenies haben, von der Begabung des Glaubens grundlegend unterscheiden. Die Bibel erklärt uns, daß die Gabe zu glauben nicht eine natürliche Kraft in irgendeinem Menschen ist, sondern nur durch den Geist Gottes in ihn hineingelegt werden kann. Deshalb spricht Jesus von einer notwendigen neuen Geburt, die nicht auf biologische, sondern auf geistliche Weise geschehen muß. Und so stellt Er den Grundsatz auf: *„Was aus dem Fleisch geboren ist, ist Fleisch, und was aus dem Geist geboren ist, ist Geist"* *(Johannes 3,6)*. Allgemeine Begabungen entstehen also aufgrund natürlicher Geburt, die Begabung des Glaubens allerdings nur aufgrund einer geistlichen Geburt.

Eine geistliche Geburt

Wenn Sie jetzt fragen, wie denn Glaube in Ihrem Herzen entstehen kann, dann lautet die Antwort präzise: Sie brauchen

---

[8] Fernsehpredigt Nr. 424

eine Geburt, die die Anlage des Glaubens mit sich bringt. Als Jesus das einmal dem berühmten Schriftgelehrten Nikodemus sagte, war der so verwirrt, daß er gleich zurückfragte, wie denn jemand in den Leib seiner Mutter zurückkehren könne, um von neuem geboren zu werden (Johannes 3,4). Jesus erklärte jenem Theologen daraufhin, daß es sich um eine Geburt durch den Heiligen Geist handelt, die Talente und Fähigkeiten hervorbringt, die der natürlich geborene Mensch nicht haben kann.

Wenn sich ein durchschnittlich begabter Mensch noch so sehr anstrengt, wird er doch niemals ein Albert Einstein werden. So wie das Genie ein Werk der natürlichen Schöpfung ist, so ist ein Glaubender das Werk der neuen Geburt. Die Bibel nennt diese neue Geburt auch gern eine neue Schöpfung. Deshalb kann lebendiger Glaube niemals durch Erziehung, Schulung oder Anstrengung hervorgebracht werden. So wie ein neugeborener Vogel mit Flügeln auf die Welt kommt, so kommt ein neugeborener Christ mit Glauben auf die Welt. Vertrauender Glaube ist das Ergebnis des neuen Lebens, das Gott in einem Menschen aus Gnade geschaffen hat.

Was passiert bei der „Wiedergeburt"?

Lassen Sie mich Ihnen anhand der Bibel nun auch erklären, was vor sich geht, wenn wir das Wunder der neuen Geburt – die Bibel nennt sie auch „Wiedergeburt"[9] (z.B. Titus 3,5) – erleben. Wir bleiben selbstverständlich dieselbe Person, aber Gott unternimmt im System unserer Gesamtveranlagung gewissermaßen einen verborgenen operativen Eingriff. Dabei verändert Er durch die Kraft Seines Heiligen Geistes unsere Grundgesinnung, die durch den Sündenfall eine natürliche Abneigung gegen alles Göttliche hat. Denn die Bibel sagt: „Die Gesinnung des Fleisches ist Feindschaft gegen Gott" (Römer 8,7).

---

[9] Dies ist nicht zu verwechseln mit „Reinkarnation"! Der biblische Begriff hat eine völlig andere Bedeutung.

Weil diese Feindschaft gegen Gott unsere natürliche Veranlagung ist, kann sich auch kein Mensch selbst unter Gottes Gesetz stellen und sich bekehren. Es widerspricht einfach seiner Natur. Darum erbarmt sich Gott über Menschen und stellt durch ein gnädiges Handeln deren Grundgesinnung um. Die Grundneigung zur Sünde wird abgelöst durch eine Neigung zu Gott. Das ist ungefähr so, als wenn jemand heimlich einen Kompaß umstellt, der naturgemäß immer zum kalten Norden zeigt. Und ebenso sind die inneren Magnetkräfte eines unerneuerten Menschen unentwegt auf die Sünde gerichtet. Der Mensch kann sein, wo er will – auf Bergen oder in Tälern, auf dem Land oder auf dem Meer, im Wald oder in der Wüste, im Regen oder im Sonnenschein, bei Tag oder bei Nacht – seine alte Gesinnung ist immer auf das Böse gerichtet.

Deshalb ist ein Wunder nötig, die natürlichen Schwerkräfte des gefallenen Menschen umzustellen. Wenn das geschehen ist, dann zeigt die Nadel der menschlichen Gesinnung in die entgegengesetzte Richtung, nämlich zu Gott und zu Seiner Wahrheit. Dieses neue Lebensprinzip erfaßt den ganzen Menschen. Ein neuer Wille ist geboren. Eine neue innere Richtung ist begründet. Eine andere Gesinnung ist installiert: *„Denn die Gesinnung des Fleisches ist Tod, die Gesinnung des Geistes aber Leben und Frieden" (Römer 8,6).*

Ein verändertes Verhältnis zur Sünde

Nach einem solchen Eingriff Gottes ist der Mensch nicht sündlos, aber sein Verhältnis zur Sünde ist völlig anders geworden. Natürlich kann der wiedergeborene Mensch noch sündigen, aber er liebt die Sünde nicht mehr. Wenn er in Sünde gefallen ist, wie die Bibel es dann bezeichnet, dann freut er sich nicht an der Lust, die er gehabt hat, sondern er leidet darunter. Es sind auf einmal Neigungen da, die es vorher nicht gab. Jetzt fragen Sie nach Gott – aber nicht einfach nur aus religiösem Interesse, sondern weil Ihre Seele sich nach Ihm sehnt. Sie erkennen Ihr falsches Leben, tun Buße und bekehren sich. Während Sie früher die Sünde geliebt und sich ihr hingegeben haben, hassen Sie diese nun. Sie meiden das Böse und haben statt dessen Verlangen nach Wahrheit und Reinheit. Früher bezweifelten Sie alles und konnten die Bibel nicht glauben. Heute lesen Sie sie, als sei sie Ihr tägliches Brot. Heute glauben Sie so selbstverständlich, wie ein Vogel fliegt. Das ist das Ergebnis der neuen Geburt.

Denken Sie auch daran, daß das Werkzeug, das Gott bei diesem Eingriff benutzt, Sein göttliches Wort ist. Die Bibel sagt: *„Ihr seid wiedergeboren ... durch das lebendige und bleibende Wort Gottes"* (1. Petrus 1,23). Darum nutzen Sie jede Gelegenheit, die Predigt des Evangeliums zu hören, denn *„der Glaube kommt aus der Verkündigung, die Verkündigung aber durch das Wort Christi"* (Römer 10,17). Versuchen Sie also nicht, in der Kraft Ihres alten Lebens ein neues zu führen. Das geht schief. Aber bitten Sie Gott um eine Neuschaffung Ihres Lebens. Ich bin fest davon überzeugt, daß Er jetzt an Ihnen wirkt. Darum rufe ich Ihnen mutig zu: Glauben Sie an den Herrn Jesus Christus. Dann sind Sie nicht nur zum Glauben veranlagt, sondern zum Glauben geboren. Welch ein erfülltes Leben und welch eine sichere Hoffnung ist das!

Gebet

Herr Jesus Christus, ich danke Dir für Dein Leben. Schenke mir doch auch die innere Anlage, glauben zu können. Ich habe verstanden, daß ich es nicht selber kann. Deshalb bitte ich Dich: Hilf meinem Unglauben. Danke, daß Du mein Gebet erhörst. Amen.

Umkehr zu Gott[10]

„So hat Gott auch den Heiden die Umkehr gegeben, die zum Leben führt!" *(Apostelgeschichte 11,18; LÜ '84)*

Eine Auswirkung von Gottes Wirken an unserem Herzen ist, daß wir uns von unserem alten Leben abwenden und zu Gott umkehren. Die Bibel gebraucht dafür den Begriff „Bekehrung".

Sie kennen sicher den Ausdruck „vom Saulus zum Paulus". Als dieser sein Bekehrungserlebnis machte, sprach Gott zu ihm: *„Ich werde dich ... zu den Nationen senden, ihre Augen zu öffnen, daß sie sich bekehren von der Finsternis zum Licht"* *(Apostelgeschichte 26,17-18)*. Das Anliegen Gottes ist also Bekehrung. Kritiker bezeichnen die „ARCHE" gern als „Bekehrungskirche". Aber das ehrt uns, denn die Bibel ist von vorn bis hinten ein Bekehrungsbuch.

Ein Gang durch die Bibel

Schon im Alten Testament rufen die Propheten: *„Der Gottlose lasse von seinem Wege und der Übeltäter von seinen Gedanken und bekehre sich zum Herrn, unserm Gott"* *(Jesaja 55,7; LÜ '84)*. Im Neuen Testament heißt derselbe Ruf dann so: *„Tut nun Buße und bekehrt euch, daß eure Sünden ausgetilgt werden"* *(Apostelgeschichte 3,19)*. Die Apostelgeschichte berichtet freudig von diesen Bekehrungspredigern: *„Und des Herrn Hand war mit ihnen, und eine große Zahl, die gläubig wurde, bekehrte sich zum Herrn"* *(Apostelgeschichte 11,21)*. Auch Paulus hatte gemäß seines göttlichen Auftrages kein anderes Ziel im Sinn als die Bekehrung seiner Zuhörer. Das geht zum Beispiel aus der Reaktion des Königs Agrippa hervor, der dem Prediger zurief: *„Du überredest mich noch, ein Christ zu werden"* *(Apostelgeschichte 26,28; Hfa)*. Und was antwortet Paulus? Entschuldigt er sich, daß er gleich so mit Gott und mit Jesus angefangen hat? Hat er dem König etwa gesagt, daß er

---

[10] Fernsehpredigt Nr. 426

34

ebensogut auch bei seiner Religion bleiben könne und sich nicht unbedingt zu Christus bekehren brauche? Nein, vielmehr hat er so geantwortet: *„Ich möchte zu Gott beten, daß über kurz oder lang nicht allein du, sondern auch alle, die mich heute hören, solche werden, wie auch ich bin"* *(Apostelgeschichte 26,29)*. Und was war Paulus? Ein gläubiger Christ natürlich.

Geistliche, die sich gegen Bekehrungspredigten wenden, haben vergessen, daß sie ihr kirchliches Amt gerade diesen Predigten verdanken. Denn die christliche Kirche ist durch nichts anderes als durch Bekehrung entstanden. Weil die Bibel ihren Botschaftern befiehlt, in alle Welt zu gehen und Menschen aus allen Nationen zu Jüngern zu machen (Matthäus 28,18-20), darum bitten auch wir Menschen, sich von Herzen zu Jesus Christus zu bekehren.

Bekehrung – was bedeutet das?

Nun möchte ich Ihnen erklären, wie auch Sie zu Gott umkehren können. Sie erinnern sich, daß Gott zu Paulus sprach: *„Ich werde dich ... zu den Nationen senden, ihre Augen zu öffnen, daß sie sich bekehren von der Finsternis zum Licht"* *(Apostelgeschichte 26,17-18)*. Man kann das auch Bekehrung von der Lüge zur Wahrheit nennen. Aber niemand wird sich bekehren, wenn er Lüge für Wahrheit hält oder Finsternis für Licht. Deshalb sind geöffnete Augen nötig.

Vor längerer Zeit hörte ich von einem Mann, der sehr schnell operiert werden mußte. Aber es war zu spät, denn der Krebs hatte bereits den ganzen Körper befallen, ohne daß der Patient etwas davon gewußt hatte. Vier Wochen später war er tot. Jemand anders hatte den gleichen Krebs, aber bei einer Untersuchung stieß man rechtzeitig auf den bösen Tumor. Dieser wurde entfernt, und der Mann lebt heute noch. Warum kann der eine noch leben und der andere mußte sterben? Der eine bekam rechtzeitig Licht über seinen Gesundheitszustand, während der andere nicht wußte, wie es um ihn stand. Er glaubte, daß er gesund war. Aber er irrte sich – und sein Irrtum war tödlich. Um es mit unserem Bibelwort zu sagen: Dieser Mann blieb so lange in der „Finsternis", bis es zu spät war. Hätte er ebenso wie der andere geöffnete Augen über seinen Gesundheitszustand bekommen, wäre er vom Irrtum zur Wahrheit gelangt, und das hätte ganz gewiß auch ihn gerettet.

Und genauso ist es mit unbekehrten Menschen. Sie sind natürlich der festen Überzeugung, daß mit ihnen alles in Ordnung ist. Deshalb ist ihnen der Gedanke auch völlig fremd, sich zu bekehren. „Warum soll ich das?", fragen sie. „Ich bin doch ein anständiger Mensch und tue niemandem etwas Böses." So denken Millionen, die ohne Gott in dieser Welt leben. Und so sind wahrscheinlich auch Sie der Meinung, daß alles mit Ihnen zum besten steht. Aber Gottes Wort bezeugt, daß Sie sich irren, und zwar tödlich. Deshalb bitte ich Sie, gehen Sie doch nicht nur zur Krebsvorsorgeuntersuchung, sondern lassen Sie bitte auch den Zustand Ihrer Seele überprüfen. Das kann natürlich kein Mensch tun, sondern nur Gott allein. Er sieht nicht nur das, was vor Augen ist, sondern Er sieht auch das Herz an. Wenn Sie Ihr Leben im Licht der Bibel sehen, dann werden Sie bestürzt sein, wie sich das Krebsgeschwür der Sünde ausgebreitet und Ihre ganze Seele krank gemacht hat. Dann werden Sie Ihren inneren Notstand erkennen und auch verstehen, warum Sie sich seelisch so miserabel fühlen. Der Grund ist Ihr Zerwürfnis mit Gott.

Während sogenannter Chaos-Tage randalierten junge Leute und hauten alles kurz und klein. Am nächsten Morgen fragte ein Pfarrer einen jungen Mann, der auch dabei war: „Warum müßt ihr denn alles zertrümmern?" Die ernüchternde Antwort lautete: „Ach, Herr Pastor, das ist doch alles nur Verzweiflung!" Aber nicht nur junge Leute sind verzweifelt. Nicht nur Arme und Arbeitslose, sondern auch Reiche und Berühmte. Natürlich meint jeder, das wäre nur, weil ihm irgend etwas fehlt. Aber selbst, wenn er alles hätte, würde er immer noch unglücklich sein.

Wenn Ihre Augen geöffnet sind und Sie Licht vom Wort Gottes her bekommen, dann wissen Sie, daß es die Sünde ist, die Sie niederdrückt. Aber dann erkennen Sie auch, daß Gott uns in Jesus Christus Vergebung und Frieden der Seele schenkt. Der Apostel Johannes schreibt in seinem Brief: *„Wenn wir unsere Sünden bekennen, ist er treu und gerecht, daß er uns die Sünden vergibt und uns reinigt von jeder Ungerechtigkeit" (1. Johannes 1,9).* Wer offene Augen für die Liebe Gottes erhalten hat, die uns im gekreuzigten Christus offenbart wird, der fängt an zu glauben, der tut Buße und der bekehrt sich. Möge Gott diese Worte dazu benutzen, Ihnen Licht zu geben, damit Sie Gottes Evangelium erkennen und Ihnen zur Bekehrung geholfen wird. Bitte deuten Sie dies nicht falsch. Es geht nicht darum, Sie für irgendeine Kirche einzufangen und Sie zum zahlenden Mitglied zu machen. Wehe denen, die so etwas tun. Nein, es geht um Sie selbst, um die Gesundheit Ihrer unsterblichen Seele und um Ihr ewiges Leben.

Gebet

Vater im Himmel! Ich habe gesündigt gegen den Himmel und vor Dir. Meine Sünde hat viel Leid und Schaden verursacht. Ich fühle mich so schmutzig. Ich komme zu Dir mit meiner Schuld. Schenk mir Deine Gnade und vergib mir. Amen.

Heilsgewißheit[11]

„Der Geist selbst bezeugt zusammen mit unserem Geist, daß wir Kinder Gottes sind. "   *(Römer 8,16)*

Es heißt nicht, daß der Geist Gottes unserem Geist etwas bezeugt, was wir noch nicht wissen, sondern Er bezeugt etwas zusammen mit unserem Geist, nämlich daß wir Gottes Kinder sind.

Stellen wir uns einen armen Bürger vor, dem ein Reicher unter dem Vorwand der Besitzrückführung sein kleines Häuschen wegnehmen will. Der arme Mann weiß genau, daß ihm das Haus gehört. Aber diese Gewißheit will man ihm jetzt streitig machen. Aber da taucht ein bekannter, ehrenwerter Zeuge auf und sagt: „Jawohl, Herr Richter, das Grundstück hat schon immer der Familie dieses Mannes gehört, und es gehört ihm auch heute!" Dieser angesehene Zeuge hat also die Behauptung des kleinen Hausbesitzers bestätigt. Er hat gemeinsam mit ihm das gleiche Zeugnis abgelegt. So tut es der Heilige Geist mit uns.

Der Teufel ist der beständige *„Verkläger unserer Brüder"* *(Offenbarung 12,10)*. Er behauptet, daß du nicht sicher sein kannst, ein Kind Gottes zu sein. Der Himmel gehöre nicht dir, sagt er. Du aber weißt es in deinem Herzen besser. Du bist sicher, daß die Wohnung im Himmel bereits jetzt schon dir gehört. Und dennoch: Der Böse oder auch deine gegenwärtigen Umstände treiben dich so sehr in die Enge, daß du ganz verunsichert bist. Aber Preis sei Gott, da kommt der himmlische Zeuge. Es ist die dritte Person der Gottheit, der Heilige Geist, und Er bezeugt mit dir gemeinsam, daß du ein Erbe der ewigen Herrlichkeit bist.

---

[11] Predigt von Sonntag, 17. 11. 1996 / 09.30 Uhr

Auf welche Weise geschieht nun der Zeugnisdienst des Heiligen Geistes gemeinsam mit unserem Geist, daß wir Gottes Kinder sind?

Durch das Wort Gottes

Es gibt auf der ganzen Welt wohl kein größeres Zeugnis des Geistes als die Bibel. Ihr Autor ist der Heilige Geist. Wir glauben an die wörtliche Inspiration der Heiligen Schrift. *„Und so besitzen wir das prophetische Wort um so fester, und ihr tut gut, darauf zu achten als auf eine Lampe, die an einem dunklen Ort leuchtet, bis der Tag anbricht und der Morgenstern in euren Herzen aufgeht"* (2. Petrus 1,19). Petrus spricht hier von dem Erlebnis auf dem Verklärungsberg: *„Denn er empfing von Gott, dem Vater, Ehre und Herrlichkeit, als von der erhabenen Herrlichkeit eine solche Stimme an ihn erging: ‚Dies ist mein geliebter Sohn, an dem ich Wohlgefallen gefunden habe.' Und diese Stimme hörten wir vom Himmel her ergehen, als wir mit ihm auf dem heiligen Berg waren"* (2. Petrus 1,17-18). Dieses Erlebnis war wirklich, und die Stimme war echt und zuverlässig. Und doch sagt der Apostel heute zu uns, daß das prophetische Wort, das wir besitzen dürfen, noch fester ist. Der Geist vermittelt also Gewißheit des Heils durch die Schrift. Deshalb lautet ein gesunder Grundsatz: Um uns unseres Heils gewiß zu sein, müssen wir beim Wort anfangen. Bist du verunsichert über deine Kindschaft und über Gottes Liebe zu dir, dann beginne wieder intensiver die Bibel zu lesen. Sie zeugt von deiner Erlösung und von deinem ewigen Heil. Denn in der Schrift haben wir das ewige Leben; *„und sie ist's, die von mir zeugt"* (Johannes 5,39; LÜ '84), sagt unser Herr. Ich nenne das einmal die Grundgewißheit oder auch **Glaubensgewißheit**. *„So laßt uns hinzutreten mit wahrhaftigem Herzen in voller Gewißheit des Glaubens, die Herzen besprengt und damit gereinigt vom bösen Gewissen und den Leib gewaschen mit reinem Wasser"* (Hebräer 10,22). *„Wer an den Sohn Gottes glaubt, hat das Zeugnis in sich"* (1. Johannes 5,10).

Das Werk des Heiligen Geistes in uns

Der Heilige Geist bestätigt unsere Kindschaft durch Sein Werk in uns. Wir dürfen nach Hinweisen auf Gottes Wirken in unserem Leben suchen. Dabei hilft uns besonders Johannes in seinen Briefen: Er spricht von besonderen Kennzeichen der Gnade.

Eins davon ist **unsere Haltung zur Sünde**. Auch wenn ein wahres Kind Gottes immer wieder in Sünde fällt – etwas anderes zu behaupten, wäre Selbstbetrug (1. Johannes 1,8) –, sündigt es nicht unbekümmert weiter. *„Jeder, der aus Gott geboren ist, tut nicht Sünde, denn sein Same bleibt in ihm; und er kann nicht sündigen, weil er aus Gott geboren ist"* (1. Johannes 3,9). Daraus folgt, daß das echte Anliegen, von Sünde frei zu sein, ein Kennzeichen von Gotteskindern ist.

Ein weiteres Kennzeichen ist **unsere Haltung anderen Christen gegenüber**. Der Nachfolger Jesu wird Gottes Volk lieben. *„Wir wissen, daß wir aus dem Tod in das Leben hinübergegangen sind, weil wir die Brüder lieben; wer nicht liebt, bleibt im Tod"* (1. Johannes 3,14). *„Wer sagt, daß er im Licht sei, und haßt seinen Bruder, ist in der Finsternis bis jetzt"* (1. Johannes 2,9). Mit der Liebe steht und fällt alles. Das macht uns Paulus auch im 1. Korintherbrief Kap. 13 deutlich. Liebe ist der Dreh- und Angelpunkt aller Wirksamkeit. Ich sage nicht, daß du in der Liebe vollkommen sein mußt, aber daß du herzlich gern darin vollkommen sein möchtest. Das ist ein wunderbares Zeichen der Wirksamkeit des Geistes in deinem Leben. Dann bist du durch den Geist geboren und ein Kind Gottes.

Ein dritter Hinweis ist unsere **Einstellung zu Gottes Wahrheit**: *„Jeder, der glaubt, daß Jesus der Christus ist, ist aus Gott geboren; und jeder, der den liebt, der geboren hat, liebt den, der aus ihm geboren ist"* (1. Johannes 5,1). Die Anerkennung der Wahrheit, daß Gott in Christus ins Fleisch gekommen ist, ist ein weiteres Zeichen unserer Wiedergeburt. Liebst du die Bibel? Möchtest du um alles in der Welt ihre

Wahrheit erkennen? Ist das dein Verlangen, dann kannst du wissen, daß Gottes Geist an dir wirksam ist.

Viertens ist **unsere Sehnsucht nach Gebet** ein weiteres Kennzeichen des Geistes in unserem Leben. Wer sich nicht immer wieder nach Gottes Gemeinschaft sehnt, der muß sich fragen, ob er den Geist der Kindschaft empfangen hat. Wenn das *„Abba, lieber Vater" (Römer 8,15; LÜ '84)* nicht da ist, dann ist noch der Geist der Knechtschaft vorhanden. Gewiß gibt es auch hier Unterschiede. Nicht immer ist das Gebetsleben vollkommen. Aber da, wo kein Gebet ist, ist auch kein Geist und keine Sohnschaft. Wo wahre Gotteskindschaft ist, da *„nimmt sich der Geist unserer Schwachheit an; denn wir wissen nicht, was wir bitten sollen, wie es sich gebührt, aber der Geist selbst verwendet sich für uns in unaussprechlichen Seufzern. Der aber die Herzen erforscht, weiß, was der Sinn des Geistes ist, denn er verwendet sich für Heilige Gott gemäß"* *(Römer 8,26-27)*. So gibt der Geist Zeugnis mit unserem eigenen Geist und Gewissen, daß wir Gottes Kinder sind. Ich nenne die Gewißheit, die durch die Zeichen der Wirksamkeit des Geistes an uns geschieht, gern **Erfahrungsgewißheit.**

Direkte Erfahrungen

Aber dann gibt es auch noch so etwas wie eine **Zuspruchs-gewißheit.** Diese erhalten wir, wenn der Geist Gottes unvermittelt zu uns spricht. So macht ein Kind Gottes auch direkte Erfahrungen mit Gott. Das ist nicht eine objektive Bezeugung durch die Schrift und deren Verheißungen, sondern eine direkte subjektive Bezeugung von Herz zu Herz zwischen Gott und Mensch.

Eine solche Bestätigung hat es bei Jesus in der Taufe gegeben. *„Und siehe, eine Stimme vom Himmel herab sprach: Dies ist mein lieber Sohn, an dem ich Wohlgefallen habe" (Matthäus 3,17; LÜ '84).* Ebenso gab es einen direkten Zuspruch und eine Bestätigung auf dem Berg der Verklärung. Und auch die Apostel empfingen solche Eingaben des Geistes, die ihre Berufung bestätigen und sie in ihrem Dienst sicherer machen sollten. *„Der Herr aber sprach durch eine Erscheinung in der Nacht zu Paulus: Fürchte dich nicht, sondern rede, und schweige nicht!"* *(Apostelgeschichte 18,9).*

Ich will versuchen, diese Zuspruchsgewißheit an einem Gleichnis zu illustrieren. Wenn ein Waisenkind von einem gütigen Mann adoptiert wird und man es in sein neues Vaterhaus bringt, kann das begnadete Kind es noch kaum fassen. Der neue Vater hat gewiß dem Kleinen gesagt, daß es nun für immer in diesem schönen Haus bleiben darf. Vielleicht hat er ihm auch die Sohnschaftsurkunde vom Gericht gezeigt und ihm versichert: „Schau einmal, hier steht es schwarz auf weiß, daß du für immer unser Kind bist!" Natürlich freut sich das Kind, aber es ist noch verunsichert. Wer weiß, ob es nicht morgen wieder zurück ins Heim geschickt wird oder gar in die Obdachlosigkeit. Es will sich einerseits freuen und ist doch noch voller Furcht. Genau diesen Zustand meint Paulus, wenn er schreibt: *„Denn ihr habt nicht einen Geist der Knechtschaft (Waisenschaft) empfangen, wieder zur Furcht, sondern einen Geist der Sohnschaft habt ihr empfangen, in dem wir rufen: Abba, Vater!"* *(Römer 8,15).* Aber dieses vertraute *„Abba, Vater!"* fällt dem ehemaligen Sklaven oder dem ehemaligen Müllkippenkind noch nicht leicht. Es ist hundertprozentig rechtlich Kind. Es ist gerechtfertigt durch das Blut Jesu Christi. Der Kleine ist rechtlich Sohn und sogar Erbe, aber er lebt noch nicht in dem Geist der Kindschaft. Und jetzt tun die Adoptiveltern etwas. Sie begegnen dem Kind mit Liebe. Sie nehmen es immer wieder in den Arm, verwöhnen es und versichern dem Kind, was der Vormundschaftsrichter schon endgültig festgelegt hat. Sie sagen ihm nichts Neues. Aber sie sagen ihm: Du bist unser Kind und kannst „Mama und Papa" zu uns sagen. Das meint Paulus, wenn er sagt: *„Der Geist selbst gibt Zeugnis unserm Geist, daß wir Gottes Kinder sind"* *(Römer 8,16; LÜ*

'84). Das sind Bestätigungen der Kindschaft. Es gibt Liebkosungen des Geistes, Küsse vom Himmel, Erfüllungen und Salbungen, die uns in unserem Glaubensstand trösten und ermutigen sollen.

Wenn also das Glaubensleben noch am Anfang steht oder die Kinder Gottes sich in schweren Anfechtungen befinden und müde werden wollen, dann scheint es Gott für gut zu befinden, Seine Kinder unvermittelt zu trösten. Aber es wäre krankhaft, wenn das Kind über Jahr und Tag alle fünf Minuten einen Kuß vom Vater will, weil es sonst nicht glaubt, daß es wirklich sein Kind ist. Und wenn die Mutter das Kind von morgens bis abends im Arm halten muß, weil es sonst nicht glaubt, daß es wirklich zur Familie gehört, stimmt etwas nicht. Nein, in einer wahren Familie lebt man auf der Basis des Glaubens und Vertrauens zusammen. Nur wenn ein Kind den Eltern nicht glaubt, fordert es krankhaft Zeichen.

Ich höre von Gotteskindern oft Forderungen nach Zeichen. Sie begründen sie damit, daß sie geistlich weiter wollen. Aber ich frage mich: Wo wollen sie eigentlich hin? Ich bin aus Gottes Gnade im Vaterhaus, und da will ich bleiben. Wo will ich denn außerdem noch hin? Ich muß nicht ständig Zeichen haben. Mein Verhältnis zu Gott ist ein für allemal geklärt. Ich bin Sein Kind und Sein Erbe. Das hat Er mir in Seinem Wort versichert, ja sogar geschworen. Das steht auf ewig fest, und daran ändert sich auch nichts mehr – und das glaube ich.

Wir wissen, daß der ältere Bruder des verlorenen Sohnes sehr sauer auf seinen Vater war, weil er ihm nie das so schöne Zeichen eines geschlachteten Böckleins gegeben hatte. Aber der Vater antwortete ihm: *„Kind, du bist allezeit bei mir, und alles, was mein ist, ist dein"* (Lukas 15,31). Mit anderen Worten: „Mußt du denn solch ein Zeichen haben?" Natürlich, wenn Thomas ein Zeichen fordert, gibt es Jesus gern. Aber Sein Kommentar lautet: *„Weil du mich gesehen hast, Thomas, darum glaubst du. Selig sind, die nicht sehen und doch glau-*

ben!" *(Johannes 20,29; LÜ '84)*. Aber ich will nicht einseitig sein. Gott hat es für bestimmte Fälle vorgesehen, uns auch ein Böcklein zu schlachten.

Auch mir hat Er oft das sprichwörtliche Sahnehäubchen gegeben und so direkte Begegnungen und Erlebnisse geschenkt. Oft ist Er mir tröstend über mein Haar gefahren und hat mir die Gegenwart meines himmlischen Vaters bewußt gemacht. Das waren herrliche Stunden. Ich vergesse nie die Salbungen und Begegnungen mit Gott, die ich bis zum heutigen Tage haben darf und gewiß auch haben werde. Aber das gesunde Christenleben bezieht seine wirkliche Sicherheit nicht aus der Erlebnisgewißheit, sondern aus der Glaubensgewißheit.

Wie sollten wir diese Zeugnisse des Geistes zueinander bewerten?

Ich bin fest davon überzeugt, daß jedem Christen über kurz oder lang solche bestätigenden Direktzeugnisse des Geistes gegeben werden. A b e r   e s   g i b t   d a b e i   k e i n e   N o r m. Denn selbst wenn ein Christ solche Zeichen nie erfahren haben sollte, sei ihm gesagt: Die Grundlage deines Heils sind nicht solche Erfahrungen, sondern das Erlösungswerk Jesu Christi am Kreuz von Golgatha. Darum ist am wichtigsten, am allermeisten Christus zu suchen und Ihn in Seinem Wort zu erkennen und Ihm voll anzuhangen, was immer du fühlen oder auch nicht fühlen magst. Es bleibt dabei, was Petrus gesagt hat: *„Ihn habt ihr nicht gesehen und habt ihn doch lieb; und nun glaubt ihr an ihn, obwohl ihr ihn nicht seht; ihr werdet euch aber freuen mit unaussprechlicher und herrlicher Freude"* *(1. Petrus 1,8; LÜ '84)*. Denn Jesus hat in der Versuchung dem Teufel nicht geantwortet, daß Er eine Stimme gehört habe, sondern Er hat gesagt: *„Es steht geschrieben!"* *(Matthäus 4,4+6+10)*. Die Erfahrungen des Geisteswirkens an uns können uns oft unsicher erscheinen, wenn es in der Heiligung nicht so vorangeht und wir versagen. Dann kommt die Frage: „Wo wirkt denn der Geist in meinem Leben?" Ebenso ist es bei der Zuspruchsgewißheit. Auf dem Sterbebett zählt nur noch das objektive Zeugnis, die Glaubensgewißheit. Denn *„mein Gerechter aber wird aus Glauben leben" (Hebräer 10,38).*

Gebet

Lieber Vater im Himmel! Ich danke Dir für die Gotteskindschaft. Als Dein Kind darf ich Dich Vater nennen. Noch kann ich es nicht richtig begreifen, daß Du mich zum Erben der himmlischen Güter gemacht hast, aber es ist wunderbar, und ich danke Dir dafür. Nun bin ich nicht mehr ein Knecht der Sünde, sondern Dein geliebtes Kind. Danke, danke. Amen.

Glaubenstaufe[12]

„Tut Buße, und jeder von euch lasse sich taufen auf den Namen Jesu Christi."   *(Apostelgeschichte 2,38a; Sch)*

Wenn man nun durch Buße und Glauben ein Kind Gottes geworden ist, dann hat das neue Leben aber erst begonnen. Jetzt darf das Leben mit Jesus weiter entwickelt werden – und es muß weiter entwickelt werden. Wenn ein neugeborener Säugling nicht wächst, dann ist er krank. Ein wesentlicher Schritt zum geistlichen Wachstum für neubekehrte Menschen ist die Taufe. Leider ist über Jahrhunderte hinweg über dieses Thema unter den Kirchen viel gestritten worden. Dabei ist die Notwendigkeit der Taufe der Gläubiggewordenen in der Heiligen Schrift deutlich ausgedrückt. In der Apostelgeschichte haben wir gelesen: *„Tut Buße, und jeder von euch lasse sich taufen auf den Namen Jesu Christi"* (Apostelgeschichte 2,38a).

Damit ist die Reihenfolge klargemacht. Zuerst: Tut Buße. Zuerst: Bekehrt euch. Zuerst: Laßt euch erretten durch den Glauben. Und dann lasse sich jeder taufen. Damit ist deutlich, daß Vorbedingung für die Taufe der lebendige Glaube ist.

Taufe der Gläubigen

Wenn von der Taufe die Rede ist, dann reden einige von „Kindertaufe" und andere von „Erwachsenentaufe". Nach der Bibel ist beides nicht zutreffend. Es könnte höchstens der Ausdruck „Gläubigentaufe" richtig sein: *„Wer glaubt und getauft wird, der wird selig [= gerettet] werden"* (Markus 16,16; LÜ '84). Und dann heißt es weiter: *„Wer aber nicht glaubt, der wird verdammt werden"* (Markus 16,16). Es mag also sein, daß jemand getauft ist, aber nicht glaubt – dann wird er verdammt. Denn wer nicht glaubt, der wird verdammt werden.

---

[12] Aus: Wolfgang Wegert. Leben mit neuem Konzept. Verlag C.M. Fliß: Hamburg, 1994[3]. S. 45ff

Es mag zum Beispiel sein, daß ein 8jähriges Kind bezeugt, daß Jesus ihm seine Schuld vergeben hat und daß es von Herzen an den Herrn Jesus Christus gläubig geworden ist. Dann ist dieses Kind berechtigt, aufgrund seines Glaubens getauft zu werden. Es kann auf der anderen Seite sein, daß ein 60jähriger den Antrag auf Taufe stellt. Aber auf die Frage, ob er denn von Herzen glaube und ob er durch den Glauben ein Kind Gottes geworden sei, antwortet er, er sei ein guter Mensch und wolle deshalb getauft werden. Gute Werke sind keine Voraussetzung für die Taufe, auch wenn sie noch so christlich sind. Voraussetzung für die Taufe ist der lebendige Glaube an Jesus Christus. Deswegen könnte dieser 60jährige nicht getauft werden, auch wenn er schon erwachsen ist.

Jemand versuchte, die Glaubenstaufe lächerlich zu machen, indem er meinte: So wie es egal sei, ob man erst den Tee und dann den Zucker oder erst den Zucker und dann den Tee in die Tasse gebe, so sei es doch auch egal, ob man zuerst getauft werde und dann glaube oder erst glaube und dann getauft werde. Meine Antwort darauf ist: Erst muß man die Tasse hinstellen und dann den Tee eingießen; nicht erst den Tee auf den Tisch schütten und hinterher die Tasse hinstellen. Es gibt überhaupt keine Veranlassung, auch keine kirchengeschichtliche, das Grundprinzip der Taufe zu verändern.

So wie Jesus die Taufe angeordnet und die Apostel sie praktiziert haben, sollte es auch heute noch sein. Tut Buße, und dann lasse sich ein jeder taufen. Man wird nicht durch die Taufe gerettet und wiedergeboren, sondern man wird durch die Taufe dem Worte Gottes gegenüber gehorsam. In Apostelgeschichte, Kapitel 8, wird uns die Bekehrung und Taufe des Finanzministers aus Äthiopien berichtet. Philippus sitzt mit ihm auf dem Wagen und erklärt ihm das Heil seiner Seele. Nach einer Weile sieht der Kämmerer Wasser und fragt: *„Was hindert noch, daß ich mich taufen lasse?"* (Apostelgeschichte 8,36; LÜ '84). Philippus aber sagte: *„Wenn du von ganzem*

Herzen glaubst, so kann es geschehen. Er aber antwortete und sprach: Ich glaube, daß Jesus Christus Gottes Sohn ist. Und er ließ den Wagen halten, und beide stiegen in das Wasser hinab, Philippus und der Kämmerer, und er taufte ihn" (Apostelgeschichte 8,37-38; LÜ '84).

Wann taufte Philippus den Kämmerer? Nachdem er ihn ganz konkret gefragt hat, ob er von ganzem Herzen glaube. Erst als der Finanzminister bestätigte, daß er von Herzen an Jesus Christus, den Sohn Gottes, glaube, gab Philippus die Taufe frei. Ich möchte Ihnen Mut machen, daß Sie sich taufen lassen, wenn Sie eine Bekehrung zu Ihrem Herrn und Erlöser Jesus Christus vollzogen haben. Folgen Sie dem Herrn gehorsam in die Taufe.

Taufe durch Untertauchen

Nun werden wir immer wieder gefragt, warum wir bei einer Taufe den Gläubigen im Wasser untertauchen und nicht nur mit Wasser begießen oder besprengen. Das Wort „taufen" heißt in der griechischen Grundbedeutung eindeutig „untertauchen". Nur das Untertauchen gibt einen Sinn. Denn es heißt: *„Oder wißt ihr nicht, daß alle, die wir auf Christus Jesus getauft sind, die sind in seinen Tod getauft? So sind wir ja mit ihm begraben durch die Taufe in den Tod, damit, wie Christus auferweckt ist von den Toten durch die Herrlichkeit des Vaters, auch wir in einem neuen Leben wandeln"* (Römer 6,3-4; LÜ '84).

In der Taufe stellt der gläubig gewordene Mensch dar, was er inwendig erlebt hat. Das alte Leben der Sünde wird beerdigt – deshalb das Untertauchen. So wie Christus auferstanden ist, so sind auch Christen (bildlich) aus der Taufe heraus auferstanden zu einem neuen Leben mit Jesus. Das soll den Menschen durch die Taufe dargestellt und bezeugt werden. Deshalb kennt das neutestamentliche Vorbild der Taufe nur die Taufe der Gläubigen in Form von Untertauchen.

Der Segen der Taufe

Es geht nicht darum, welche Kirche Recht hat, sondern es geht darum, daß das Wort Gottes geehrt wird. Es geht darum, daß auch Sie dem Herrn gehorsam sind, denn man soll Gott mehr gehorchen als den Menschen. Es liegt ein großer Segen darauf, wenn Menschen sich taufen lassen. Die Taufgottesdienste gehören zu den Höhepunkten des gemeindlichen Lebens. Wenn die frisch Getauften aus dem Wasser steigen, dann sind sie oft überwältigt von Freude, und der Segen Gottes hat ihr Leben erfüllt und reich gemacht. Oft fallen sie einander in die Arme und weinen vor Freude und Jubel. Das Glück der Erlösung hat sie alle erfaßt, und sie haben immer wieder gesagt: „Wie herrlich ist es, gehorsam zu sein und sich taufen zu lassen auf den Namen des Vaters, des Sohnes und des Heiligen Geistes – so wie Jesus es wörtlich angeordnet hat." Manchmal sind Menschen geheilt worden, manchmal sind sie im Heiligen Geist getauft worden und fingen an, Gott in neuen, ihnen bislang unbekannten Sprachen zu preisen.

Ein junges Mädchen zum Beispiel stieg aus dem Wasser und war voller Dankbarkeit ihrem Herrn gegenüber. Nach der Taufe kniete sie sich zusammen mit den anderen Täuflingen zur Segnung unter Handauflegung nieder. Als die Ältesten ihr die Hand auflegten, kam die Kraft Gottes so mächtig über sie, daß sie anfing zu weissagen. Der Heilige Geist hatte ihr diese Gabe geschenkt, die sie später zum gesegneten Nutzen für die ganze Gemeinde angewendet hat. Und heute dient sie ihrem Herrn in der Missionsarbeit.

Die Taufe gehört in die Ortsgemeinde. Deshalb möchte ich Sie bitten, wenn Sie die Wichtigkeit erkannt haben, sich biblisch taufen zu lassen, und Sie einen entscheidenden Schritt in Richtung geistliches Wachstum tun möchten: Suchen Sie eine biblisch orientierte Gemeinde, in der nach dem Vorbild des Neuen Testamentes getauft wird. Ich wünsche Ihnen in dieser Entscheidung einen ganz besonders reichen Segen.

Gebet

Danke, lieber Herr, für den Segen der Taufe. Gerne gehe ich den ganzen Weg mit Dir – und ich will Dir auch in der Taufe nachfolgen. Ich möchte erfahren, was es heißt, mit Dir gestorben, begraben und auferstanden zu sein. Ich möchte mich taufen lassen – auch wenn ich bei meinen Freunden auf Widerstand stoße. Ich vertraue Dir. Amen.

Gehöre zu einer Gemeinde[13]

„Der Herr aber fügte täglich zur Gemeinde hinzu, die gerettet wurden." *(Apostelgeschichte 2,47; LÜ '84)*

So wie sich ein Neubekehrter nach biblischem Vorbild taufen läßt, sollte er sich ebenfalls dem neutestamentlichen Muster entsprechend einer Gemeinde anschließen. In der Apostelgeschichte wird uns immer wieder berichtet, wie sich Menschen zur Gemeinde hinzufügen ließen (Apostelgeschichte 2,41+47; 5,14; 11,24).

Es ist für das neue Leben des Glaubens von ausschlaggebender Bedeutung, in einer bibelorientierten Gemeinde integriert zu sein. Ich vergleiche lebendige Christen gern mit glühenden Kohlen. Wenn sie zusammen sind, entsteht eine kräftige Glut. Wenn jedoch eine einzelne Kohle abseits gelegt wird, erkaltet sie bald. Nachdem Jesus Sie entzündet hat und eine glühende Liebe zu Ihm Ihr Herz erfüllt, sollte Ihre größte Sorge sein, diese Glut des Glaubens nicht nur zu erhalten, sondern sogar noch zu vermehren. Deshalb sollten Christen immer die Gemeinschaft mit Gleichgesinnten pflegen. Die Bibel berichtet uns, daß die ersten Christen beständig Gemeinschaft pflegten: *„Die nun sein Wort annahmen, ließen sich taufen; und an diesem Tage wurden hinzugefügt etwa dreitausend Menschen. Sie blieben aber beständig in der Lehre der Apostel und in der Gemeinschaft und im Brotbrechen und im Gebet"* *(Apostelgeschichte 2,41-42; LÜ '84).*

Es sind also vier wesentliche Dinge, die das neue Leben in Christus braucht: biblische **Lehre**, **Gemeinschaft**, **Abendmahl** und **Gebet**. Diese Elemente sollten in jeder biblischen Gemeinde zu finden sein.

---

[13] Aus: Wolfgang Wegert. Leben mit neuem Konzept. Verlag C.M. Fliß: Hamburg, 1994[3]. S. 51ff

Angst vor Verbindlichkeit

Leider gibt es immer wieder Christen, die Gemeinde nach dem neutestamentlichen Vorbild mit den dazugehörigen Ordnungen und Strukturen geringschätzen. Sie ziehen sogenannte überkonfessionelle Kreise ohne Bindung vor und scheuen sich, einer bibelorientierten Gemeinde ihr Vertrauen zu schenken und sich anzuschließen. Aber Jesus sagt: „... *ich will meine Gemeinde bauen"* (Matthäus 16,18; LÜ '84).

Seine Gemeinde wollte Er also bauen, nichts anderes. Und die wollte Er so stark machen, daß nicht einmal die Kräfte der Hölle sie überwältigen können. Die Apostel schrieben ihre Briefe ausschließlich an Gemeinden und nicht an ihnen vorbei. Gemeinde ist ein Plan Gottes und nicht ein Zufallsgebilde, zu dem es noch eine Reihe alternativer Modelle geben könnte. Diesen Plan „Gemeinde" offenbarte Gott den Aposteln, damit allen Christen klar wird, in welchen Bahnen sich ihre Nachfolge vollziehen soll. Denn durch die Gemeinde will Gott Seine Macht offenbaren, *„damit jetzt kundwerde die mannigfaltige Weisheit Gottes den Mächtigen und Gewalten im Himmel durch die Gemeinde"* (Epheser 3,10; LÜ '84).

Der Leib Christi

Die Gemeinde wird im Neuen Testament auch mit einem Leib verglichen. Paulus beschreibt in seinem ersten Brief an die Korinther sehr ausführlich, daß die einzelnen Christen nicht unabhängige Solisten sind, sondern voneinander abhängige Glieder am Leibe Christi: *„Denn wie der Leib einer ist und doch viele Glieder hat, alle Glieder des Leibes aber, obwohl sie viele sind, doch ein Leib sind: so auch Christus ... Wenn aber der Fuß spräche: Ich bin keine Hand, darum bin ich nicht Glied des Leibes, sollte er deshalb nicht Glied des Leibes sein?"* (1. Korinther 12,12+15; LÜ '84).

Die Bibel lehrt also eindeutig Verbindlichkeit in der Gemeinde. Leider leben wir in einer Zeit, in der die Menschen

Angst haben, Bindungen einzugehen. Das fällt besonders im Bereich der Ehe auf. Es soll bereits in Deutschland zwei Millionen Paare geben, die eine Ehe ohne Trauschein probieren, und es werden von Jahr zu Jahr mehr. Sie werden von Bindungsangst geplagt. Sie befürchten, sich selbst für einen anderen Menschen aufgeben zu müssen und dabei alle Ansprüche auf ein eigenes Leben zu verlieren. Der Zeitgeist will keine Verpflichtungen mehr akzeptieren. Man möchte sich vorbehalten, in bestimmten Fällen auch „NEIN" sagen zu können. Das große Wort unserer Tage heißt „Selbstbestimmungsrecht", das sich Christen auch gern sichern möchten. Aber das große Wort in der Bibel heißt ganz anders, nämlich „Dienen". Lassen Sie sich deshalb nicht beirren, sondern werden Sie verbindlich und schließen sich einer biblischen Gemeinde an. Natürlich werden Sie Fehler finden und gewiß auch Enttäuschungen erleben. Aber weiß man bei einer Eheschließung nicht auch, daß man einen Partner mit Fehlern heiratet? Soll man, weil man weiß, daß es in der Ehe auch schwere Zeiten gibt, auf die Verbindlichkeit der Ehe verzichten? Nein, niemals!

Welche Gemeinde denn?

Erwarten Sie bitte jetzt nicht von mir, Ihnen eine Konfession zu benennen. Aber ich möchte Ihnen bei der Wahl einer Gemeinde etwas Grundsätzliches sagen:

Lesen Sie aufmerksam das Neue Testament, und entdecken Sie das Wesen der urchristlichen Gemeinde. Sie war keine von Staat und Kirchensteuern abhängige Amtskirche mit bibelfremden Traditionen und politisch pluralistischen Ideen. Beachten Sie bei der Gemeinde, die Sie suchen, folgende Punkte:

1. Eine im ursprünglichen Sinn christliche Gemeinde wird sich immer darum bemühen, in Verkündigung und Praxis der Bibel zu entsprechen. Natürlich ist und bleibt alle Erkenntnis *„Stückwerk" (l. Korinther 13,9)*, und keine Gemeinde kann von sich behaupten, sie würde die vollkommene und unfehlbare

Schrifterkenntnis bei sich vereinigen. Aber eine Gemeinde ist immer dann zu empfehlen, wenn sie sich aufrichtig bemüht, Gottes Wort zum Maßstab ihres Lehrens und Handelns zu machen.

2. Eine Gemeinde sollte sich als eine Gemeinschaft der Liebe auszeichnen. Viele Nichtchristen haben wegen der vielen Spaltungen ein Vorurteil gegen die Gemeinde Jesu. Das macht viele Gemeinden nicht anziehend, sondern eher abschreckend. Es ist genug Streit in der Welt. Deshalb halten Menschen in einer Zeit des Hasses und der Bitterkeit Ausschau nach einer Oase des Friedens und der Liebe. Wie bitter ist es dann, wenn Neubekehrte in der Gemeinde mit dem gleichen Streit und der gleichen Lieblosigkeit konfrontiert werden wie in der Welt, aus der sie gerade gekommen sind. Das Kennzeichen einer wirklich zu empfehlenden Gemeinde ist nicht in erster Linie ihre Lehre, ihr Gebäude oder gar ihre Liturgie, sondern ihre Liebe. Jesus Christus hat zu diesem Punkt gesagt: *„Daran werden alle erkennen, daß ihr meine Jünger seid, wenn ihr Liebe untereinander habt"* *(Johannes 13,35)*.

3. Eine lebendige Gemeinde wird auch eine Missionsgemeinde sein. Mission im Sinne von Seelengewinnung für Jesus ist der Lebensnerv jeder Gemeinde. Stirbt dieser evangelistisch missionarische Gedanke, dann stirbt auch die ganze Gemeinde. Man kann es auf die kurze Formel bringen: Mission oder Tod! Der missionarische Antrieb der Urgemeinde war die Ursache für ihr ungebrochenes Wachstum. Wenn heute Gemeinden missionieren, werden sie bald merken, daß Gottes Wohlgefallen darauf ruht. Jesus geht es um die Rettung der Menschen und nicht um schöne Kathedralen. Er will Sein Leben weiter vermittelt sehen. Wenn die Gemeinde es unterläßt, dieses Leben weiterzugeben, wird ihr bald selbst das Leben genommen. Der Herr stellt Seine Gemeinde vor die klare Wahl, entweder zu sterben oder Seelen zu gewinnen. Ihre Gemeinde sollte also eine missionierende Gemeinde sein.

4. Sie sollten sich auch nach einer Gemeinde umschauen, die die Realität des Heiligen Geistes und Seiner Gnadengaben anerkennt. Denn Christen und Gemeinden können nur überleben, wenn sie von der Kraft des Heiligen Geistes erfüllt sind.

Seien Sie bereit, verbindlich in eine Gemeinde Jesu einzutreten, und folgen Sie in Gemeinschaft mit anderen Christen Ihrem Herrn nach. Das ist Gottes Weg für Ihr geistliches Wachstum und Ihr seelisches Wohlbefinden, das ich Ihnen von Herzen wünsche.

Gebet

Jesus Christus, ich danke Dir für die Gemeinde. Sie ist Dein Leib, und Du bist das Haupt. Danke, daß ich Glied an Deinem Leibe sein darf. Zeige mir meine Aufgaben in der Gemeinde, damit ich ein fruchtbarer Christ sein kann. Hilf mir zu dienen und meine Schwestern und Brüder zu lieben, wie Du mich geliebt hast. Ich danke Dir für die Gemeinde. Segne alle Gottesdienste und besonders unsere Gemeindeleitung. Dank sei Dir dafür. Amen.

Gott erhört Gebet[14]

„Und rufe mich an in der Not, so will ich dich erretten, und du sollst mich preisen." *(Psalm 50,15; LÜ '84)*

Das Thema Gebet ist von großer Bedeutung – ob wir etwas von dem wunderbaren Geheimnis des Betens kennen oder nicht. Deshalb frage ich ganz frei heraus:

Kannst du beten?

Kannst du Zwiesprache mit Gott halten? Weißt du überhaupt, was Beten bedeutet? Viele Menschen können nicht beten.

Im „Dritten Reich" wurden zuletzt auch Jugendliche und Kinder an die Front geschickt. Pfarrer Wilhelm Busch erzählt das erschütternde Erlebnis eines 16jährigen Jungen[15]: Ein Bombenangriff war über seine Batterie niedergegangen. Als er als erster aus dem Bunker kommt, findet er einen Mann, dem der Leib aufgerissen ist. Er will ihm helfen. Da sagt der Mann zu ihm: „Ich muß sterben. Da brauchst du nicht mehr zu helfen. Ich brauche nur noch einen, der mit mir beten kann. Junge, bete mal!" Da antwortet der Junge: „Ich habe in der Hitler-Jugend fluchen gelernt, aber nicht beten." Und dann ist er zum Hauptmann gelaufen und hat gesagt: „Hauptmann, kommen Sie bitte mal." Der Hauptmann kniet bei dem Mann nieder, dem der Leib aufgerissen ist und dem die Gedärme herauskommen: „Was willst du, Kamerad?" „Hauptmann, ich muß sterben. Beten Sie mit mir!" „Himmel", ruft der Hauptmann, „beten kann ich nicht!" Und dann holt der Hauptmann einen Oberleutnant. Und schließlich stehen diese gestandenen Männer da, die sich viel einbilden, was sie doch für Kerle sind, die jeden dreckigen Witz erzählen können, die fluchen können – und nicht einer kann beten. Nicht einmal ein einfaches Vaterunser

---

[14] Predigt von Sonntag, 08. 10. 1995 / 18.00 Uhr
[15] Wilhelm Busch. Jesus unser Schicksal. a.a.O. S. 107

bekommen sie heraus. Der Junge sagt: „Wenn ich aus diesem dreckigen Krieg herauskomme, dann gehe ich als erstes irgendwo hin, wo ich das Beten lernen kann. Ich möchte nicht so elend verrecken wie dieser Mann!"

Das ist die Lage unserer Zeit. Der Mensch ist hochgebildet und äußerst zivilisiert. Er kann Computer bauen und auch künstliche Monde, aber er kann nicht mehr beten. Als Ausrede behaupten dann die Ungläubigen, daß Beten keinen Sinn hätte, nichts tauge oder auch nichts bringe. Ich kann das natürlich verstehen. Wenn jemand keine Gebetserfahrung und auch keine Gebetserhörung erlebt hat, dann ist er geneigt, zu lachen. Und er lacht diejenigen aus, die vom Gebet und seinem Segen sprechen.

Stellen Sie sich vor, alle Menschen auf Erden wären von jeher ohne Augen geboren. Blindheit wäre das normale Leben, und den Ausdruck „sehen" gäbe es nicht, weil niemand etwas davon wüßte. Aber plötzlich kann da doch ein einziger durch ein Wunder sehen. Dieser Glückliche fängt nun an, seinen blinden Mitmenschen zu erzählen, was er alles sehen kann. Er schwärmt von den Wäldern, den Bergen, dem blauen Himmel, der Sonne und dem Mond. Ich bin sicher, daß die Blinden anfangen würden, den „Sehenden" für verrückt zu erklären. Sie würden die Geschichten des „Wunderlings" wahrscheinlich nicht glauben. Sie könnten sich eine andere Welt als die ihrer lebenslangen Dunkelheit gar nicht vorstellen.

So ähnlich ergeht es uns Christen, wenn wir den Ungläubigen erzählen, was wir mit Gott erleben. Ihnen fehlt die persönliche Erfahrung eines Gottes, der Gebete erhört. Da sie nichts anderes kennen als Unglaube und Rationalismus, ist es kein Wunder, daß sie zutiefst skeptisch sind.

Gott erhört Gebet

Vor einigen Jahren erlebte unser Land ein dramatisches Geiseldrama. Eine Lufthansa-Maschine wurde von Terroristen nach Mogadischu, der Hauptstadt Somalias, entführt. An die hundert Passagiere durchlebten für einige Tage eine Hölle in dem Flugzeug. Glücklicherweise fand diese Entführung ein mehr oder weniger glimpfliches Ende. Einer der Piloten mußte leider sein Leben lassen. Als die befreiten Geiseln nach Deutschland zurückkehrten und am Frankfurter Flughafen ankamen, standen Journalisten an der Gangway und versuchten, von den Erschöpften ein Interview zu bekommen. Man fragte sie, was sie denn in der Zeit der schrecklichen Gefangenschaft im Flugzeug am meisten getan hätten. Die Antwort war klar und deutlich. Die meisten der Passagiere sagten, daß sie innerlich zu Gott geschrien und gebetet hätten. Vor der Reise hätten sie vielleicht auf die Frage nach dem Sinn von Gebet abgewinkt und wahrscheinlich sogar gelacht. Aber plötzlich sah alles ganz anders aus.

Mitten in der Not hilft dann weder Geld noch Ruhm. Auch Beziehungen und Bekanntschaften mit großen Leuten sind wirkungslos. Da kann nur noch ein lebendiger Gott eingreifen. Übrigens erinnere ich mich bei dieser Geschichte mit großer Freude, daß der damalige Bundespräsident Walter Scheel unser ganzes Volk aufgerufen hatte, in dieser verzweifelten Lage doch zu beten. Ich bin fest davon überzeugt, daß Millionen Menschen gebetet haben und daß das der Grund für das gute Ende dieses Verbrechens war. Denn es ist und bleibt wahr: Gott lebt und erhört Gebet! Die Bibel sagt: *„Rufe mich an in der Not, so will ich dich erretten, und du sollst mich preisen"* *(Psalm 50,15; LÜ '84)*. Rufe doch auch in deiner Not zu Gott. Nimm die Bibel doch einmal ernst, und du wirst feststellen, daß auf sie Verlaß ist.

Gott weiß besser, wessen wir bedürfen

Gott erhört unser Gebet allerdings nicht immer in der Weise, wie wir es für richtig halten. Er hört immer. Aber Er ist wie ein Vater, der oft besser weiß, was uns gut tut und was nicht. Ich hörte von einem Jungen, der sehr wütend über seinen Vater war, weil der ihn nicht mit Feuer und Sprengstoff spielen lassen wollte. Wir erbitten uns manchmal Dinge, die uns wichtig und notwendig erscheinen, die Gott aber für schädlich hält. Ihr wißt, was Kinder alles in die Hand nehmen wollen und was sie alles in den Mund stecken und essen wollen. Wenn die Eltern dies zulassen würden, hätte sich schon manch ein Kind ums Leben gebracht.

Jesus sagt: *„Und wenn ihr betet, sollt ihr nicht viel plappern wie die Heiden; denn sie meinen, sie werden erhört, wenn sie viele Worte machen. Darum sollt ihr ihnen nicht gleichen. Denn euer Vater weiß, was ihr bedürft, bevor ihr ihn bittet"* *(Matthäus 6,7-8; LÜ '84).* Manche machen den Fehler, daß sie behaupten, Gott habe ihre Gebete nicht erhört, weil nicht alles so eingetreten ist, wie sie sich das gewünscht haben. Gott hört immer unser Gebet, aber mit Weisheit und echter Liebe.

Eine christliche Frau hatte sich in einen Mann verliebt, der aber nicht reagierte. Da sie schon älter war und alle Hoffnungen auf eine Ehe zu schwinden drohten, wenn dieser eine sich nicht auch in sie verliebte, betete sie unaufhörlich zu Gott. Nichts geschah. Sie fing an, mit Gott zu hadern, und trotzte sich den Mann quasi von Ihm ab. Sie heiratete den Mann, nicht weil er sie so sehr liebte, sondern weil es ihr auf alle erdenkliche Weise gelungen war, ihn an sich zu binden. Nach ein paar schrecklichen Ehejahren erschlug der Mann sie mit einem Beil. Man sagte auf ihrer Beerdigung: „Wenn sie diesen Mann doch nie geheiratet hätte." Sie wollte mit Gewalt eine Gebetserhörung in ihrem Sinne. Aber Beten heißt, sich in die Arme Gottes fallen zu lassen und Ihm zu vertrauen, daß Er das Rechte gibt zu Seiner Zeit.

Deshalb lehrt uns Jesus im „Vaterunser": *„Dein Wille geschehe wie im Himmel so auch auf Erden"* *(Matthäus 6,10; LÜ '84).* Deshalb lege doch die Angelegenheiten deines Lebens getrost in Jesu Hände und bitte Ihn, daß Er die Sache deines

Lebens führen möchte. *„Befiehl dem Herrn deine Wege und hoffe auf ihn, er wird's wohlmachen"* *(Psalm 37,5; LÜ '84)*. Wenn du so betest, wird Gott auf die eine oder andere Weise in dein Leben eingreifen, und dir ist geholfen.

Eines Tages las ich das Gebet der ersten Gemeinde, die durch große Nöte ging und viel Feindschaft erlitt. Die ersten Christen beteten aber nicht, daß Feuer vom Himmel fallen möge, sondern: *„... sie haben sich versammelt in dieser Stadt gegen deinen heiligen Knecht Jesus ... zu tun, was deine Hand und dein Ratschluß zuvor bestimmt hatten, daß es geschehen solle"* *(Apostelgeschichte 4,27-28; LÜ '84)*. Die Gläubigen wußten: Es kann nur geschehen, was Gottes Ratschluß zuvor festgesetzt hat. Und alles, was die Feinde Christi taten, war voll mit in Gottes Plan eingeschlossen. Sie sind immer – auch wenn es gar nicht so aussieht – Handlanger Gottes und müssen in ihrem Handeln Gott dienen, so wie es Ihm gefällt. Wie entspannt und entkrampft kann man dann beten. Aber das wird man nur können, wenn man nicht nach seinem eigenen, sondern nach Gottes Willen bereit ist zu beten. Dann dürfen wir uns wundern, wie Jesus in Verbindung mit unseren Gebeten wirkt. Manchmal ändert sich gar nichts. Aber Gott läßt uns Seine Nähe spüren und tröstet uns durch Seine Gegenwart. Der Herr schenke dir eine solche Gebetsnähe zu dem lebendigen Gott.

Bete schlicht und einfach

Zum Beten braucht man kein Gesang- oder Gebetbuch. Man braucht auch keinen Priester und keine Kirche. Man muß nicht Theologie studiert haben, um beten zu können. Wenn du betest, brauchst du nur ein ehrliches Herz. Sprich zu Jesus wie zu deinem besten Freund. Da hast du ja auch keine Hemmungen. Du mußt zum Beten nicht unbedingt schöne Verse aufsagen. Das tust Du doch auch nicht, wenn Du zum Beispiel zum Arzt gehst. Zu ihm redet man nicht in Versen, sondern man erzählt ihm auf ganz natürliche Weise seine Beschwerden. Und Jesus ist mehr als ein Arzt. Er ist der beste Arzt der Welt und zugleich dein guter Hirte, der dich versteht wie kein anderer.

Gott erhört das Rufen aufrichtiger Menschen. Fange doch auch du an, Gott zu vertrauen. Glaube an Jesus als deinen Erretter. Bitte Ihn um Vergebung. Er schenkt dir ein neues Leben. Fange an, einfach zu Jesus zu sprechen, wie es dir ums Herz ist. So einfach ist Beten. Aber es wirkt. So schnell kannst du Beten lernen. Ein einziger Seufzer aus einem aufrichtigen Herzen kann genügen, und Gott wendet die Lage deiner Not und macht dich zu einem völlig neuen Menschen.

Gebet

Herr Jesus, ich danke Dir, daß ich Dich anrufen darf und im Gebet Dir alle meine Nöte sagen kann. Danke für Deine Zusage, daß Du mir helfen und beistehen wirst. Dafür preise ich Dich. Amen.

Das Abendmahl[16]

„Denn sooft ihr dieses Brot eßt und den Kelch trinkt, verkündigt ihr den Tod des Herrn, bis er kommt."

(1. Korinther 11,26; lies Vers 23-32)

Die Abendmahlsgottesdienste gehören mit zu den schönsten Gottesdiensten, die wir haben dürfen. Wir wollen sie immer wieder mit einem heiligen Ernst, aber zugleich auch mit inniger Freude feiern und an den Tod unseres geliebten Heilandes denken, wie Paulus es in unserem Text gesagt hat. Anhand dieses Verses wollen wir sehen, was das Abendmahl zeigen will.

Jesu große Weisheit

Wir erkennen in ihm eine große Weisheit Jesu. Das Abendmahl ist ja eine Erinnerung, ein Gedächtnis. Aber wie **effektiv und unauslöschlich** ist dieses „Denkmal", das Jesus uns geschenkt hat! Die üblichste Form, das Andenken an einen geliebten Verstorbenen zu bewahren, ist, ihm einen Grabstein zu setzen. Dieser wird jedoch spätestens nach einigen Jahrzehnten entfernt, wenn es niemanden mehr gibt, der für die Grabpflege Sorge trägt. Denkmäler dieser Art verschwinden also alle nach einer gewissen Zeit.

Großen Männern sind Denkmäler aus Stein und Eisen errichtet worden. Als wir nach der politischen Wende anfangs durch die Sowjetunion reisten, begegneten uns auf Schritt und Tritt die alles überragenden Monumente Lenins. Aber die Menschen hatten zu diesen Figuren keine Beziehung. Am Geburtstag von Lenin mußten zwar u.a. Schüler dort Blumen niederlegen, aber als die Wende kam, wurde ein Denkmal nach dem anderen abmontiert und die Erinnerung an diesen Politrevolutionär mehr und mehr ausgelöscht.

---

[16] Predigt von Sonntag, 07. 02. 1999 / 09.30 Uhr

So war das in der Geschichte immer. Man gibt sich Mühe, die Erinnerung ganz Großer aufrechtzuerhalten – bis zur Einbalsamierung ihrer Leichname und der Verglasung ihrer Särge. Im alten Italien mußten sogar arme Bauern an ihren Häusern Marmorsäulen mit Inschriften über die römischen Triumphe anbringen. Wie vergeblich sind doch diese Versuche, bleibende Erinnerungszeichen zu finden, die dem Zahn der Zeit und dem Wechsel der Geschichte trotzen sollen!

Aber Jesus in Seiner Weisheit befiehlt nicht, eine Wallfahrtsstätte zu bauen und Ihm große Monumente zu errichten. Und wenn es dennoch ein Meer von Kruzifixen gibt, gibt es sie nicht auf Seinen Befehl. Er stiftet einfach ein Abendmahl und versammelt Seine Gläubigen an einem schlichten Tisch, gibt ihnen ein Stück Brot und ein wenig Wein und sagt: *„Dies tut zu meinem Gedächtnis!"* *(Lukas 22,19).* Ein solches Andenken hat die großen Monumente aus Granit und Marmor lange überlebt, denn die schlichte Feier des Abendmahls ist nun schon seit zweitausend Jahren die lebendige Erinnerung der Gemeinde an Christi Tod und wird es sein, bis daß Er kommt.

Im Symbol des Abendmahls liegt aber nicht nur eine gewisse Einzigartigkeit, sondern in diesem göttlichen Erinnerungszeichen steckt auch im Gegensatz zu menschlichen, toten Zeichen **Lebendigkeit**. Ist es nicht herrlich, daß wir mit der Gemeinde Jesu auf der ganzen Welt in Gemeinschaft feiern dürfen? Jesus sagte schon zu Seinen ersten Jüngern: *„Dies tut zu meinem Gedächtnis!"* Es ist köstlich zu wissen, daß bereits unsere Väter das Abendmahl gefeiert haben. Johannes und Petrus, Paulus und Jakobus und auch die Märtyrer taten es, zwar nicht auf die heute übliche Weise mit Silbergeschirr und Kerzen, aber sie hatten – wie auch wir heute – Gemeinschaft im Brot und im Wein.

Eine Wolke von Zeugen hat vor uns die Erinnerung an Jesu Tod lebendig gehalten. Niemals konnte dieses Andenken zerstört werden. Sie feierten Abendmahl hin und her in den Häusern, auch in den Katakomben und in den Arbeitslagern. Sie feierten bei härtestem Frost und in sengender Hitze. Unter allen Völkern und unter allen Rassen, Sprachen und Kulturen liebt man den Tisch des Herrn. Auch die Generationen nach uns werden Abendmahl feiern, und es gibt niemanden, keinen Diktator oder Tyrannen, keine Armee oder Geheimpolizei, die es jemals schaffen könnten, das Denkmal der Heiligen an den Tod ihres Herrn von der Erde zu verbannen, bis Jesus wiederkommt.

Selbst in Zeiten schlimmster Verfolgung, wenn man den Christen alles nimmt und von ihnen verlangt: „Glaubt nicht mehr an euren Jesus", wird es doch immer Geschwister geben, die zusammenfinden und zueinander sagen: „Laßt uns das Abendmahl feiern." Wieviele Millionen Hände haben sich bis heute verbunden, das Brot zu brechen, und wieviele Lippen haben von dem Kelch getrunken. Und solange der Herr nicht wiedergekommen ist, werden auch die kommenden Generationen ihre Herzen in Liebe miteinander verbinden und in Treue das Herrenmahl feiern und ihren geliebten Heiland preisen für Seinen Leib und Sein Blut. Dieses lebendige Denkmal kann nicht verwittern oder verfallen, es kann nicht verbrennen und nicht zerbrechen, denn es ist Leben und Weisheit darin.

Aber seht doch auch, wie weise von unserem Herrn die Symbole gewählt wurden, denn sie sind **ein überzeugendes Gleichnis** von dem, was in Christus am Kreuz geschehen ist. Denkt an das Brot. Kann man für die Darstellung von Leiden etwas Besseres finden als das gebrochene Brot? Was muß das Brot nicht alles aushalten?

Zunächst muß die Saat in die Erde gelegt werden. Dort liegt sie für eine Weile im kalten Boden. Wenn sie aufgeht, muß sie erst die Kälte des Winterwetters durchstehen und danach die Hitze des Sommers. Wenn das Korn schließlich reif ist und geerntet wird, fährt ein schweres Gerät über das Feld, und es wird geschnitten und gedroschen, zum Müller gebracht und dort gemahlen. Und wenn es bis zum Äußersten zerquetscht und zum feinsten Mehl geworden ist, wird es zu Teig geknetet und kommt in den heißen Backofen. Aber damit ist der Prozeß des langen Leidensweges noch nicht zu Ende. Danach liegt das Brot auf dem Tablett und wird wieder geschnitten und in Stükke gebrochen. Dann wird es gegessen und von den Zähnen noch einmal zermalmt, um als Nahrung in den Leib zu gelangen. Ist dieser lange Weg, den das Brot durchmacht, nicht ein starkes Bild für den kostbaren Leib unseres Herrn Jesus Christus, auf den aller Kummer der Menschen gelegt wurde? Er war wirklich der Mann der Schmerzen, der unter der Last unserer Sünde bis zum Äußersten gelitten hat. Wie treffend ist das Gleichnis vom Brot!

Ebenso könnten wir die Leidensgeschichte der Weintrauben beschreiben, bis sie zum köstlichen Getränk geworden sind, denn das Gewächs des Weinstocks geht einen ähnlich schweren Weg wie das Brot. Um Wein oder Saft herzustellen, gibt man die Trauben in eine Presse. Früher stampfte man mit den Füßen so lange auf ihnen herum, bis der blutrote Saft herauslief. Das ist ein Gleichnis für das teuer vergossene Blut unseres Herrn. Welch eine göttliche Weisheit liegt doch in den beiden Symbolen des Mahles, das ein lebendiges und ausdrucksstarkes Andenken an das Opfer unseres Heilandes ist.

Ein weiterer Gedanke: Menschliche Monumente oder Erinnerungszeichen wie z.B. Ikonen oder Kruzifixe werden gesetzt, damit man über sie nachdenkt und bei der Betrachtung stille wird. So wurde der Leichnam Lenins auf dem Roten Platz in einem gläsernen Sarg aufbewahrt, damit das russische Volk an ihm vorbeiziehen und sich dabei seiner „großen Taten" erinnern sollte.

Auch wir sollen unseren Herrn im Geist anschauen und unseren Blick auf Ihn richten. Beim Abendmahl aber dürfen wir Ihn **nicht nur betrachten, sondern Ihn in uns aufnehmen!** Deswegen sagt Jesus beim Brechen des Brotes: *„Nehmt, eßt,* *dies ist mein Leib!"* Ebenso nahm Er den Kelch und sprach: *„Trinkt alle daraus! Denn dies ist mein Blut des Bundes"* *(Matthäus 26,26-28a).*

Wie wir wissen, hat Jesus Seiner Gemeinde nur zwei Anweisungen hinterlassen, wie der Gottesdienst äußerlich gestaltet werden soll. Das ist zum einen das Sakrament der Taufe und zum anderen das des Abendmahls. Ansonsten gibt es keine weiteren Riten, denn unser Gottesdienst vollzieht sich ja nicht in Bildern, sondern wir sollen den Herrn anbeten *„im Geist und in der Wahrheit" (Johannes 4,24; LÜ '84).*

Die Taufe beschreibt den Anfang eines Lebens als Christ und stellt das erneuerte Leben eines Sünders dar, der durch den Heiligen Geist wiedergeboren worden ist und nun eins ist mit seinem Heiland.

Das Abendmahl ist das Zeichen dafür, daß Menschen, die geistlich auf dem Wege sind, tägliche Speise haben dürfen. Jeden Tag neu dürfen Christen zu ihrem Herrn kommen und Ihn essen. *„Wer mein Fleisch ißt und mein Blut trinkt, bleibt in mir und ich in ihm" (Johannes 6,56).* So dürfen wir in jedem Abendmahlsgottesdienst kundtun: Jesus ist mir einverleibt. Ich bin in Christus, und Christus ist in mir. Wir gehören zusammen.

Die Priorität unseres Meisters

Die Einsetzung der Tischgemeinschaft zeigt auch die Priorität unseres Meisters, die Er gern gesetzt sehen will. Es heißt doch: *„Sooft ihr dieses Brot eßt und den Kelch trinkt, v e r - k ü n d i g t ihr den Tod des Herrn" (1. Korinther 11,26).*

Die **Verkündigung des Todes unseres Herrn** steht also ganz vorne an. Es heißt nicht „sooft ihr dies tut, verkündigt ihr die Geburt oder die Wunderzeichen unseres Herrn". Manche Leute diskutieren, ob man nicht besser anstelle des Kreuzes, das ja an das Martyrium Jesu und somit an Tod und Gewalt erinnert, die Krippe zum christlichen Zeichen erklären sollte. Jesus hat aber nicht ein Gedächtnis zu Seiner Geburt eingesetzt, und Paulus hat kein Krippenspiel vom Herrn empfangen. Aus Weihnachten wird heute sowieso viel mehr gemacht, als von der Bibel her zu rechtfertigen ist. Aber das, woran die Christen angewiesen worden sind zu denken, vergessen sie, nämlich an den Tod unseres Herrn.

Das Abendmahl erinnert uns aber daran, daß wir den Tod Jesu verkündigen dürfen. Ohne den gebrochenen Leib und das vergossene Blut unseres Erlösers gäbe es kein Heil in dieser Welt und auch kein ewiges Leben. Wenn Jesus nicht um deiner Sünde willen gestorben wäre, gäbe es keine Hoffnung für dich. Ich möchte das auch solchen Menschen zurufen, die noch keine lebendige Beziehung zu Jesus haben: Durch Seinen Tod hast du Vergebung der Sünden. Wenn wir auch vieles vergessen sollten aus dem Leben unseres Herrn, aber die Bedeutung Seines Todes muß immer lebendig sein.

Das große Ziel Gottes mit Seinem Volk

Und nicht zuletzt: Das Abendmahl zeigt zudem das große Ziel, das Gott mit Seinem Volk hat. Es heißt in unserem Text: *„Denn sooft ihr dieses Brot eßt und den Kelch trinkt, verkündigt ihr den Tod des Herrn, b i s   e r   k o m m t"* (1. Korinther 11,26). Das Abendmahl soll uns also auch daran erinnern, daß Jesus wiederkommt. Jesus ruft zu Seinem Tisch, damit Er die Jungfrauen nicht schlafend und ohne Öl vorfindet, wenn Er als Bräutigam erscheint (vgl. Matthäus 25,1-13).

Mit dem Kommen Jesu **hört das Abendmahl** auf dieser Erde **auf**. Aber Jesus hat gesagt: *„Ich sage euch: Ich werde von nun an nicht mehr von diesem Gewächs des Weinstocks trinken bis an den Tag, an dem ich von neuem davon trinken werde mit euch in meines Vaters Reich"* (Matthäus 26,29; LÜ '84). Es kommt ein Tag, an dem die Gotteskinder mit Jesus direkt in Seiner Herrlichkeit das Mahl feiern werden. Wer Sehnsucht nach dem Himmel hat, wer von Herzen auf Seinen Heiland wartet, der kann auch nicht lässig hinsichtlich des Abendmahls sein. Ich kann nicht verstehen, wenn es Gotteskinder gibt, die über längere Zeit nicht am Abendmahl teilnehmen. Es kann doch nicht sein, daß es Jesus herzlich danach verlangt, mit uns das Mahl zu feiern (Lukas 22,15), und uns ist das gleichgültig?

Wer am Tisch des Herrn teilnimmt, nimmt auf Hoffnung teil. Er weiß, daß der Bräutigam kommt, um mit Seiner Braut, der Gemeinde, das Hochzeitsmahl des Lammes zu feiern. Das Abendmahl hier ist ein Symbol, ist wie ein Stern. Aber wenn Jesus wiederkommt, kommt das Bessere, dann kommt die Sonne, und in Seinem Licht sehen wir das Licht.

„Wann wird der Heiland wiederkommen?", fragen manche. **Kommt Er überhaupt?** Denn nun feiert die Gemeinde Jesu schon zweitausend Jahre das Mahl des Herrn, und Jahr um Jahr vergeht, aber Er verzieht. Unser Heiland sagt nicht die Unwahrheit. Jesus ist ein Mann der absoluten Wahrheit und Treue. Wenn Gott nicht mehr wahr wäre, würden Himmel und Erde nicht einen Tag länger bestehen. Eher könnte die Erde noch sein, wenn die Sonne ihren Schein verliert, aber wenn der Sohn Gottes lügen sollte, wäre sie im Bruchteil einer Sekunde dahin. Warum? Weil Jesus mit Seinem kräftigen Wort, dem Wort der Wahrheit, die ganze Welt trägt (Hebräer 1,3).

Aber haben wir denn überhaupt Grund zum Zweifeln? Haben die Erzväter und die Propheten nicht mehr als viertausend Jahre warten müssen, bis der Messias das erste Mal kam? Ja, Abraham sah den Tag Christi von ferne. Sie haben die Verheißung Seines Kommens nicht erlangt, haben aber dennoch geglaubt, daß der Messias kommen wird, und sind gestorben. Kam Jesus nicht? Es dauerte lange, aber Er hielt Sein Wort. Er kam, als die Zeit erfüllt war (Galater 4,4). Und Er wird auch wiederkommen. Der Sein Wort beim ersten Mal gehalten hat, wird es auch beim zweiten Mal halten.

Unsere Väter vor Christus glaubten, obwohl sie noch keinen Heiland hatten und noch nichts wußten vom Erlösungstode Christi – zumindest nicht in der Offenbarungsstärke, wie uns das geschenkt ist. Sie waren in einer gewissen Weise im Dunkeln und lebten noch von Symbolen und Schatten. Aber wir haben das Licht des Heils gesehen und die Kindschaft durch den Heiligen Geist erlangt. Wir wissen, daß Gott schon einmal Sein Versprechen eingelöst hat, und werden doch jetzt glauben können, daß Er ein zweites Mal kommen wird. Zweitausend Jahre sind eine lange Zeit. Aber wir haben selbst dann keinen Grund zum Zweifeln, wenn es zwanzigtausend Jahre dauern sollte.

Wir wollen geduldig warten und mit Freude und Ernst das Abendmahl feiern, denn die Vollzahl der Heiden soll noch erreicht werden, und ohne den Letzten, der noch gerettet werden soll, wollen auch wir nicht, daß der Heiland schon kommt. Aber Er wird kommen in Kraft und in Herrlichkeit in Ewigkeit! Das ist unsere große Hoffnung! Darum ist das Abendmahl nicht nur ein Erinnerungszeichen an das, was vor zweitausend Jahren am Kreuz von Golgatha geschah, sondern es ist auch ein Hoffnungszeichen, daß wir verkündigen den Tod des Herrn, bis daß Er kommt. Und Er wird kommen! In Jesu Namen. Amen.

Gebet

Herr Jesus, ich danke Dir, daß ich als Dein Kind das Abendmahl feiern darf. Ich danke Dir, daß Du meine Strafe auf Dich genommen hast, damit ich Vergebung und ewiges Leben haben darf. Amen.

Das Wirken des Heiligen Geistes[17]

„Wißt ihr nicht, daß ihr Gottes Tempel seid und der Geist Gottes in euch wohnt?"

(1. Korinther 3,16; lies Johannes 14,15-26)

Wir haben darüber gesprochen, wie der Heilige Geist aus freier Gnade einen geistlich toten Sünder auferweckt, indem Er ihm nämlich göttliches Leben einpflanzt.[18] Dadurch gewinnt der alte Mensch eine völlig neue Gesinnung und erhält eine neue innere Anlage, er ist eine neue Schöpfung. Man kann auch sagen, daß der Heilige Geist ins Herz eines solchen Menschen eingezogen ist und nun dort wohnt. Christus hat uns keine religiösen Relikte zurückgelassen, sondern Seinen Geist.

Was ist darunter zu verstehen?

Was ist darunter zu verstehen, daß der Heilige Geist in den Christen wohnt? Paulus erklärt uns, daß Christus und Seine Gemeinde **wie Haupt und Glieder** zusammen funktionieren. Zum Beispiel ist in jedem Glied meines Körpers ein Stück meines Lebens vorhanden. In jedem Teil meines Leibes fließt mein Blut. Jedes Organ ist an mein Nervensystem angeschlossen. Entsprechend dieses Gleichnisses sagt die Bibel, daß jeder gläubige Christ ein Glied am Leib Christi ist. Christus ist das Haupt in der Herrlichkeit, aber Sein Leben fließt durch alle Seine Glieder. Es ist Sein Geist, der alle Kinder Gottes in der ganzen Welt mit Ihm selbst verbindet. Das heißt, alles, was zu Christus gehört, ist von Seinem Geist bewohnt und bildet Seinen universalen Leib. Darum sagt uns Paulus: *„Denn in einem Geist sind wir alle zu einem Leib getauft worden, es seien Juden oder Griechen, es seien Sklaven oder Freie, und sind alle mit einem Geist getränkt worden"* *(1. Korinther 12,13).*

---

[17] Predigt von Sonntag, 08. 12. 1996 / 09.30 Uhr
[18] Vgl. Kapitel „Zum Glauben geboren"

Jesus macht also Menschen zu Seinen Gliedern, indem Er sie mit Seinem Heiligen Geist durchtränkt. So wie beim natürlichen Leib jedes Glied durchblutet werden muß, so muß ein neues Glied, das Christus sich einverleibt, mit Seinem Geist und Leben durchflutet werden, sonst kann es nicht Glied sein. Ohne den Heiligen Geist empfangen zu haben, kann man nicht zu Christus gehören. Diesen Grundsatz drückt die Bibel so aus: *„Wenn aber jemand Christi Geist nicht hat, der ist nicht sein"* *(Römer 8,9)*. Aber wer zu Christus, dem Haupt, gehört, der hat Anteil an Seinem Leben und an Seiner göttlichen Natur. Der Heilige Geist wohnt in seinem Herzen.

Laßt uns aber genau darauf achten, welcher Geist der Heilige Geist ist. **Er ist der Geist Christi.** Der Geist, der in den Herzen der Gläubigen wohnt, gehört zu Christus. Es ist Christi Geist (Römer 8,9), den jemand haben muß, um zu Seinem Leibe zu gehören. *„Weil ihr aber Söhne seid, sandte Gott den Geist seines Sohnes in unsere Herzen, der da ruft: Abba, Vater!"* *(Galater 4,6)*. Deshalb kann auch gesagt werden, daß Christus in unseren Herzen wohnt. *„Nicht mehr lebe ich, sondern Christus lebt in mir"* *(Galater 2,20)*. Deshalb spricht Paulus auch wechselweise mal vom innewohnenden Geist und auch vom innewohnenden Christus (siehe z.B. Römer 8,9-10). Der Heilige Geist bindet sich immer an Christus.

Es gibt viele religiöse Menschen, die für Spirituelles sehr offen sind, aber von Christus wollen sie wenig wissen. Geistererfahrungen sprechen sie an, aber nicht die Botschaft vom Kreuz. Paulus warnt vor einer von Christus losgelösten Übersinnlichkeit, indem er schreibt: *„Um den Kampfpreis soll euch niemand bringen, ... der auf das eingeht, was er in Visionen gesehen hat, grundlos aufgeblasen von der Gesinnung seines Fleisches, und nicht festhält das Haupt, von dem aus der ganze Leib ... Gottes wächst"* *(Kolosser 2,18-19)*.

Brauchen wir den Heiligen Geist? Wir brauchen Ihn mehr denn je! Aber ist es nach der Bibel richtig, sich an Ihn selbst zu wenden? Wie zum Beispiel: „Heiliger Geist, komm und gib mir Deine Gaben?" Wenn ich nicht irgendwo eine Stelle übersehen habe, gibt es in der ganzen Bibel keinen einzigen Vers, in dem zum Heiligen Geist gebetet wurde. Hängt das möglicherweise mit der menschlichen Neigung zusammen, den Geist und Seine Phänomene zu suchen, nicht aber Christus, den Gekreuzigten? Ich glaube ja. Es ist deshalb nicht verboten, zum Heiligen Geist zu beten, aber wir sollten doch die Prioritäten der Heiligen Schrift beachten.

Wenn wir *um* den Heiligen Geist bitten, sollen wir nicht den Geist, sondern den Vater oder den Sohn suchen. Schaut Euch einmal die berühmte Stelle genau an: *„Wenn nun ihr, die ihr böse seid, euren Kindern gute Gaben geben könnt, wieviel mehr wird der Vater im Himmel den Heiligen Geist geben denen, die ihn bitten"* *(Lukas 11,13; LÜ '84)*. An wen sollen wir uns also wenden? An den Vater. Wir sollen den Geist als Gabe vom Vater empfangen. Und der Weg des Geistes vom Vater zu uns geht über Christus. Jesus sagt: *„Wenn der Beistand gekommen ist, den ich euch von dem Vater senden werde, der Geist der Wahrheit, der von dem Vater ausgeht, so wird der von mir zeugen"* *(Johannes 15,26)*. Der Geist geht eindeutig vom Vater aus, den aber Jesus uns vom Vater senden wird. Darum sagt Jesus: *„Ich sende die Verheißung meines Vaters auf euch. Ihr aber, bleibt in der Stadt, bis ihr bekleidet werdet mit Kraft aus der Höhe!"* *(Lukas 24,49)*. Der Vermittler des Geistes ist also Jesus Christus.

Wie ist der Pfingstsegen auf die erste Gemeinde gekommen? Hört die Antwort: *„Da er [= Christus] nun durch die rechte Hand Gottes erhöht ist und empfangen hat den verheißenen Heiligen Geist vom Vater, hat er diesen ausgegossen, wie ihr hier seht und hört"* *(Apostelgeschichte 2,33; LÜ '84)*. Wer hat Ihn ausgegossen? Jesus! Johannes der Täufer bringt es auf den Punkt: *„Ich zwar taufe euch mit Wasser; ... er [= Christus] wird euch mit Heiligem Geist und Feuer taufen"* *(Lukas 3,16)*.

Wir haben es also nicht in erster Linie mit einem Wirken des Geistes zu tun, sondern mit einem Wirken Christi. Das heißt, wenn du den Heiligen Geist brauchst, dann suche Christus. Denn wer Christus sucht, der findet auch den Heiligen Geist. Er ist der Täufer im Heiligen Geist. Ich sagte schon, daß Gott das wohl so gefügt hat, weil es Menschen gibt, die den Geist suchen, aber nicht den Sohn Gottes. Und diese Menschen werden allerlei Geister finden, aber nicht den Heiligen Geist. Sie werden allerlei Gefühle haben, aber nicht die verändernde Kraft Gottes erleben. Es ist also immer Christus selbst, der durch den Heiligen Geist in den Herzen der Wiedergeborenen wohnt. Er ist der Erste und der Letzte, Er ist der helle Morgenstern. Er ist das Lamm, das würdig ist, zu nehmen Preis und Ehre (Offenbarung 5,12-13).

Das Werk des Heiligen Geistes in uns

Der Heilige Geist wirkt also nie aus sich selbst, sondern immer im Auftrage des Vaters und des Sohnes. Was bewirkt nun der Heilige Geist? Er hat den Auftrag, die Kinder Gottes geistlich ins Leben zu rufen, sie zu erhalten und sie zu vollenden. Diese drei Dinge gehören untrennbar zusammen, auch wenn sie zeitlich nacheinander geschehen. *„Die er aber vorherbestimmt hat, diese hat er auch berufen; und die er berufen hat, diese hat er auch gerechtfertigt; die er aber gerechtfertigt hat, diese hat er auch verherrlicht" (Römer 8,30).* Merkt Ihr, wie Gott schon alles im Perfekt sagt? Die Er vorherbestimmt hat, die *hat* Er auch schon verherrlicht. Gott sieht also von Ewigkeit her unsere Wiedergeburt und Vollendung als zusammengehörig. Und der Heilige Geist ist beauftragt, dieses von Gott her bereits Festgelegte in uns zu wirken. Und dazu gehören eine Fülle von Diensten, die der wunderbare Heilige Geist an den Kindern Gottes ausführt. Hier einige wichtige Beispiele:

Als erstes **auferweckt der Geist** eine Seele zum geistlichen Leben: *„Der Geist ist es, der lebendig macht; das Fleisch nützt* *nichts. Die Worte, die ich zu euch geredet habe, sind Geist und sind Leben" (Johannes 6,63).*

Dann wird dieser geistlich lebendig gemachte Mensch durch denselben Geist **erleuchtet**: *„Der Gott unseres Herrn Jesus Christus, ... gebe euch den Geist der Weisheit und Offenbarung in der Erkenntnis seiner selbst" (Epheser 1,17).* Der Heilige Geist gibt nun Licht, Christus immer besser zu erkennen.

Der Heilige Geist **überführt**. Er zeigt uns unsere Sündigkeit. Durch die Überführung des Geistes ruft der Psalmist: *„Meine Sünden haben mich erreicht, daß ich nicht aufzublicken vermag; zahlreicher sind sie als die Haare meines Hauptes" (Psalm 40,13).*

Aber der Heilige Geist **tröstet** auch. Er ist ein Tröster der Kinder Gottes und zeigt ihnen die vergebende Kraft des Blutes Christi: *„Und ich will den Vater bitten, und er wird euch einen andern Tröster geben, daß er bei euch sei in Ewigkeit" (Johannes 14,16; LÜ '84).* Auch in Leiden und Anfechtung tröstet der Heilige Geist die Herzen der Kinder Gottes.

Der Heilige Geist **wirkt auch ziehend** in unseren Herzen. Er zieht uns in die Gegenwart Gottes und schafft ein Verlangen nach Jesus. *„Der Herr ist mir erschienen von ferne: Ich habe dich je und je geliebt, darum habe ich dich zu mir gezogen aus lauter Güte" (Jeremia 31,3; LÜ '84).*

Der Heilige Geist wirkt **Kraft** zum Glauben und Zeugen in den Herzen der Seinen: *„Der Gott der Hoffnung aber erfülle euch mit aller Freude und allem Frieden im Glauben, damit ihr überreich seiet in der Hoffnung durch die Kraft des Heiligen Geistes!" (Römer 15,13).*

Der Geist Gottes **lehrt** uns auch: *„Der Beistand aber, der Heilige Geist, den der Vater senden wird in meinem Namen, der wird euch alles lehren und euch an alles erinnern, was ich euch gesagt habe" (Johannes 14,26).*

Der Heilige Geist wirkt **das Werk der Heiligung** in unserem Herzen: *„Wir aber müssen Gott allezeit für euch danken, vom Herrn geliebte Brüder, daß Gott euch von Anfang an erwählt hat zur Rettung in Heiligung des Geistes und im Glauben an die Wahrheit"* (2. Thessalonicher 2,13).

Der Geist Gottes **verändert und verwandelt** uns in das Bild Jesu: *„Wir alle aber schauen mit aufgedecktem Angesicht die Herrlichkeit des Herrn an und werden so verwandelt in dasselbe Bild von Herrlichkeit zu Herrlichkeit, wie es vom Herrn, dem Geist, geschieht"* (2. Korinther 3,18).

Ja, und dann gibt es auch eine wunderbare **Leitung des Geistes.** Er leitet uns in alle Wahrheit, und: *„So viele durch den Geist Gottes geleitet werden, die sind Söhne Gottes"* *(Römer 8,14).*

Der Heilige Geist vergewissert und **bezeugt** unseren Seelen unsere Gotteskindschaft: *„Der Geist selbst bezeugt zusammen mit unserem Geist, daß wir Kinder Gottes sind"* (Römer 8,16).

Der Heilige Geist **versiegelt** auch: *„In ihm [= Christus] seid auch ihr, die ihr das Wort der Wahrheit gehört habt, nämlich das Evangelium von eurer Seligkeit – in ihm seid auch ihr, als ihr gläubig wurdet, versiegelt worden mit dem Heiligen Geist, der verheißen ist"* (Epheser 1,13; LÜ '84).

Der Geist Gottes ist auch ein **Fürbitter** für uns, Er ist ein Geist der Gnade und des Gebets (Sacharja 12,10): *„Ebenso aber nimmt auch der Geist sich unserer Schwachheit an; denn wir wissen nicht, was wir bitten sollen, wie es sich gebührt, aber der Geist selbst verwendet sich für uns in unaussprechlichen Seufzern. Der aber die Herzen erforscht, weiß, was der Sinn des Geistes ist, denn er verwendet sich für Heilige Gott gemäß"* (Römer 8,26-27).

Es ist auch der Geist des Herrn, der die **Frucht des Geistes** in unserem Herzen wirkt und wachsen läßt: *„Die Frucht des Geistes aber ist: Liebe, Freude, Friede, Langmut, Freundlich-*

keit, Güte, Treue, Sanftmut, Enthaltsamkeit" (Galater 5,22-23a).

Darüber hinaus schenkt Er uns **die Gaben des Geistes,** daß die Gemeinde Jesu und jedes einzelne Glied auferbaut werde: *„Wie jeder eine Gnadengabe empfangen hat, so dient damit einander als gute Verwalter der verschiedenartigen Gnade Gottes!" (1. Petrus 4,10; vgl. auch Römer 12,3-8 und 1. Korinther 12 und 1. Korinther 14).*

Wir werden auch durch denselben Geist bis ans Ende **bewahrt.** *„Ich bin ebenso in guter Zuversicht, daß der, der ein gutes Werk in euch angefangen hat, es vollenden wird bis auf den Tag Christi Jesu" (Philipper 1,6).*

Ist es nicht herrlich, was der Heilige Geist in unseren Herzen alles wirkt und schafft? Er will uns ohne Flecken und Runzeln einst unserem Bräutigam zuführen. Laßt uns Gott danken für den Heiligen Geist, den Er in unsere Herzen gegeben hat. Und dort wird Er bleiben bis zuletzt. *„Ich werde den Vater bitten, und er wird euch einen anderen Beistand geben, daß er bei euch sei in Ewigkeit, den Geist der Wahrheit, den die Welt nicht empfangen kann, weil sie ihn nicht sieht noch ihn kennt. Ihr kennt ihn, denn er bleibt bei euch und wird in euch sein" (Johannes 14,16-17).* Er ist das Pfand, das Gott in unsere Herzen gegeben hat. Er ist das Siegel, mit dem wir versiegelt sind. Die Kinder Gottes gehören dem Herrn für Zeit und Ewigkeit, und das hat Jesus sichergestellt, indem Er uns den Geist in unsere Herzen gegeben hat. Preis sei Gott dafür.

Gebet

Vater im Himmel, im Namen Jesu Christi komme ich als Dein Kind zu Dir. Ich danke Dir für die Verheißung des Heiligen Geistes. Mein ganzes Leben sei Dir geweiht zu einem Tempel. Möge der Heilige Geist mich immer wieder erfüllen, wie Du es in Deinem Wort gesagt hast. Ich danke Dir für all das, was Er in meinem Leben schon getan hat und immer noch tut. Amen.

Führe uns nicht in Versuchung[19]

„Und führe uns nicht in Versuchung, sondern errette uns von dem Bösen!" *(Matthäus 6,13; lies Vers 9-13)*

Zur Auseinandersetzung mit dem Thema Versuchung eignet sich sehr gut die sechste Bitte im Vaterunser.

Sie beginnt mit einem *„Und"*. Das heißt, daß sie eng mit der vorhergehenden Bitte verknüpft ist. Und die lautete: *„Und vergib uns unsere Schuld"* *(Matthäus 6,12; LÜ '84)*. Wer einmal das wahre Gesicht seiner häßlichen Sünde erkennen und aus Gnade Vergebung erfahren durfte, der möchte nie wieder sündigen. Was er am meisten fürchtet, ist die Vorstellung, erneut in Sünde fallen zu können. Darum betet er sogleich aus der Tiefe seines Herzens: *„Und führe uns nicht in Versuchung, sondern errette uns von dem Bösen!"* *(Matthäus 6,13)*. Wir können Gott nicht ersuchen, uns unsere Sünde zu vergeben, ohne zugleich auch zu wünschen, daß Er uns vor neuer Sünde bewahren möge. Ich glaube, daß das einer der Gedanken ist, die diese sechste Bitte des Vaterunsers zum Ausdruck bringt. Aber was will Jesus uns außerdem noch sagen, wenn Er uns lehrt, so zu beten?

Gott führt Seine Kinder in Versuchung

Das ist ein herausfordernder Satz. Jesus würde nicht lehren zu beten, daß Gott nicht in Versuchung führen solle, wenn Er es nicht täte.

Viele Bibelleser haben mit dieser Wahrheit **Schwierigkeiten**, weil doch Jakobus sagt: *„Niemand sage, wenn er versucht wird: Ich werde von Gott versucht. Denn Gott kann nicht versucht werden vom Bösen, er selbst aber versucht niemand. Ein jeder aber wird versucht, wenn er von seiner eigenen Begierde fortgezogen und gelockt wird"* *(Jakobus 1,13-14)*.

---

[19] Predigt von Sonntag, 14. 04. 1996 / 09.30 Uhr

Wir müssen genau auf den Wortlaut achten. Jesus sagt ja nicht, daß wir beten sollen: „Versuche uns nicht!", sondern Jesus lehrt uns beten: *„Führe uns nicht in Versuchung."* Die Bibel bezeichnet nur den Teufel als Versucher, aber niemals Gott. Es ist immer der Teufel oder die Welt oder die in uns wohnende alte Natur, die uns versuchen. Und wenn Satan uns versucht, dann tut er das immer nur mit dem einen Ziel, uns *zur Sünde* zu verleiten. Seine Versuchung ist immer Verführung. Er will uns reinlegen und uns Schaden zufügen, wenn möglich uns sogar verderben. Gott führt uns lediglich *in die Umstände* solcher Versuchungen hinein, aber nicht, um uns zu verleiten, sondern um uns zu prüfen, zu erziehen und zu heiligen. Er macht sich die Versuchungen nutzbar und wendet sie an uns an, um uns geistlich zu trainieren. Wenn Gott uns in Versuchung führt, meint Er es im Gegensatz zu Satan immer gut mit uns. Das, was der Teufel böse meint, nutzt Gott bei Seinen Heiligen aktiv zu ihrem Guten, nämlich zu ihrem geistlichen Wachstum.

Wir sehen dieses Prinzip ganz **deutlich bei Jesus**. Wer war es, der Ihn versuchte? Wir lesen: *„Und der Versucher trat zu ihm hin und sprach: Wenn du Gottes Sohn bist, so sprich, daß diese Steine Brote werden!"* (Matthäus 4,3). Und wer führte Jesus in diese Versuchung hinein? Der Heilige Geist. Denn wir lesen: *„Dann wurde Jesus von dem Geist in die Wüste hinaufgeführt, um von dem Teufel versucht zu werden"* (Matthäus 4,1). Es war nicht der Heilige Geist, der versuchte. Es war nicht Gott, der verführte und sich etwa an Seinem Sohn mit versündigte. Es war allein der Versucher, der Teufel. Aber der Vater stellte ganz bewußt Seinen geliebten Sohn dort hinein. Denn Er ist *„in allem in gleicher Weise wie wir versucht worden, doch ohne Sünde"* (Hebräer 4,15). Der Hebräerbrief schreibt von Jesus weiter: *„So hat er, obwohl er Gottes Sohn war, doch an dem, was er litt, Gehorsam gelernt"* (Hebräer 5,8; LÜ '84). Der vollkommene Sohn Gottes mußte tatsächlich auf die geistliche Schulbank und lernen. Gott stellte Ihn, wie auch uns, in eine geistliche Schlacht, nicht damit wir fallen und umkommen, sondern damit wir siegen lernen. Wenn Gott uns in diesen geistlichen Krieg stellt, dann hat der Teufel natürlich nur ein Ziel, uns nämlich zu verwunden und umzubringen. Aber Gott verfolgt ein anderes Ziel. Er will uns lehren, zu überwinden, stark zu werden und Sieger zu sein. Gott will uns bewährt machen, um Helden im Kampf gegen die Sünde zu werden. Wenn Gotteskinder starken Gegenwind haben, dann nur deshalb, damit sie sich im Gegensatz zur Spreu als Weizen bewähren. Wenn du im Feuer des Elends bist, dann nur deshalb, daß du als echtes Gold erwiesen werden sollst.

So ist es zu verstehen, daß Gott einerseits niemand versucht und doch in die Versuchung hineinführt.

Gott ist Herr aller Versuchungen

Weil das so ist, darum dürfen wir uns bezüglich unserer Anfechtungen an Jesus wenden und Ihn bitten, unsere Versuchungen zu steuern. Wir sind als Kinder Gottes niemals der Willkür des Teufels ausgesetzt. Er kann uns nur versuchen, wenn das auch im Plan Gottes für unser Leben ist. Wenn der himmlische Vater Seine Kinder dem Bösen nicht aussetzen will, dann kann der Teufel nichts machen. Erst als Gott den Hiob zum Angriff freigegeben hatte, war der Versucher in der Lage, seine Anschläge gegen den Knecht Gottes zu verüben. Vorher hatte er keine Erlaubnis. Aber wenn es Gott zu unserem Nutzen gefällt, dann überläßt Er uns bis zu einem gewissen Grad und für eine gewisse Zeit dem Bösen. Höre, liebes Gotteskind: Nur bis zu einem bestimmten Grad und nur für eine bestimmte Zeit. Denn es heißt: *„Gott aber ist treu, der nicht zulassen wird, daß ihr über euer Vermögen versucht werdet, sondern mit der Versuchung auch den Ausgang schaffen wird, so daß ihr sie ertragen könnt" (1. Korinther 10,13).*

Wenn du also schwer angefochten bist, bitte nicht den Teufel, daß er doch mit der Quälerei aufhören möge. Er hört nicht auf. Je mehr du ihn bittest, desto mehr Gefallen hat er daran. Er ist ein Sadist. Deshalb ringe nicht mit dem Teufel. Lerne heute neu, was du schon lange weißt: Dein Vater im Himmel ist der absolute Kontrolleur aller deiner Versuchungen. Darum wende dich an Ihn und rufe: *„Führe uns nicht in Versuchung, sondern erlöse uns von dem Bösen" (Matthäus 6,13; LÜ '84).* Jesus weiß dem Treiben des Feindes ein Ende zu machen. Du kannst ganz gewiß und getrost sein: Dein Vater im Himmel läßt Sein Kind nicht umkommen! Petrus schreibt: *„Der Herr weiß die Gottseligen aus der Versuchung zu retten" (2. Petrus 2,9).* Das wußte schon der Psalmist zu berichten: *„Vielfältig ist das Unglück des Gerechten, aber aus dem allen errettet ihn der HERR" (Psalm 34,20).* Wenn Gott mit der Versuchung ein Ende machen will, dann tut Er es auch.

Er gab Jesus die Kraft, zu sagen: *„Geh hinweg, Satan!" (Matthäus 4,10).* Und am Ende der vierzig Tage kamen Engel herbei und dienten Jesus. So sehe ich auch schon die Engel Gottes zu dir hereinkommen, die dich nach deinem langen und schweren Versuchungskampf stärken. Du wirst als Sieger hervorgehen, und das Gold deines Herzens wird nach dem Feuer nur noch reiner sein. Deine Liebe zu Jesus und dein Vertrauen zu Ihm wird stärker werden, weil du siehst, wie Er dir in den Tagen des heißen Kampfes beigestanden hat. *„Darum werft euer Vertrauen nicht weg, welches eine große Belohnung hat" (Hebräer 10,35; LÜ '84).* Vergiß es nie, daß Gott der Herr über alle Versuchungen ist. Darum wende dich an Ihn, wenn du der Versuchungen müde bist.

Vorbeugung gegen Selbstvertrauen

Weiter ist diese Gebetsanleitung eine Vorbeugung gegen Selbstvertrauen. Nehmen wir einmal die Verleugnung des Petrus. Als Jesus davon sprach, daß Ihn Seine Jünger alle verlassen und fliehen werden, meinte Petrus vollmundig: *„Wenn sich alle an dir ärgern werden, ich werde mich niemals* *ärgern [oder: niemals zur Sünde verleitet werden]. Selbst wenn ich mit dir sterben müßte, werde ich dich nicht verleugnen"* (Matthäus 26,33+35). Weiter heißt es, daß alle anderen Jünger ebenso sprachen. Es wäre besser gewesen, wenn sie sich an das Vaterunser erinnert hätten und demütig gebetet hätten: *„Führe uns nicht in Versuchung, sondern errette uns von dem Bösen!"* (Matthäus 6,13).

Ich glaube, Gott führt uns in Versuchung, um uns unsere Selbstsicherheit und unseren Hochmut zu zeigen. Wir merken nämlich oft selbst nicht, wie arrogant wir noch sind. Schon lange bevor Petrus in diese Lage geriet, hatte Gott beschlossen, den eingebildeten Jünger in Versuchung zu führen. Und darum kündigte Jesus ihm schon an: *„Simon, Simon! Siehe, der Satan hat euer begehrt, euch zu sichten wie den Weizen. Ich aber habe für dich gebetet, daß dein Glaube nicht aufhöre. Und wenn du einst zurückgekehrt bist, so stärke deine Brüder!"* (Lukas 22,31-32). Aber den selbstherrlichen Jünger konnte nichts erschüttern. Er hatte sogleich eine Antwort bereit: *„Herr, mit dir bin ich bereit, auch ins Gefängnis und in den Tod zu gehen"* (Lukas 22,33). Er hatte überhaupt keine Angst vor Versuchungen. Er fühlte sich über jede Verführung und Sünde erhaben. Er legte seine Hand für sich selbst ins Feuer. Bei anderen konnte er es sich durchaus vorstellen, daß sie sich zur Sünde verleiten lassen könnten, aber er selbst doch nicht. So war es also äußerst notwendig, daß Gott diesen Jünger in Versuchung führte.

Wenn ihm geholfen werden sollte, mußte er versucht werden. Denn es fehlte ihm einfach etwas von dem Geist des Vaterunsers, von dem Geist der Demut, der betet: „Führe mich nicht in Versuchung, denn es könnte sein, daß ich versage!" Es fehlte ihm die Sorge, möglicherweise doch sündigen zu können. Er hatte kein Gespür für seine eigene Schwäche und Versagensfähigkeit. Er fühlte sich selber stark. Er lebte aus eigener Kraft und nicht aus dem Bewußtsein der Gnade. Darum mußte Gott diesen selbstsicheren Mann zerbrechen. Und als er gesündigt hatte, *„ging er hinaus und weinte bitterlich"* *(Matthäus 26,75)*. Jesus mußte viel Liebe aufwenden, um diesen an sich selbst zerbrochenen Jünger wieder aufzubauen. Er mußte wieder das Vaterunser lernen.

Es ist sehr gefährlich, wenn wir nicht mehr zitternd beten: *„Führe uns nicht in Versuchung, sondern errette uns von dem Bösen!"* Ein Christ, der sich selber gut kennt, ist äußerst beunruhigt, daß er in der Versuchung versagen und sich vor Gott schuldig machen könnte. Ihm ist sehr bange, sündigen zu können. Darum möchte er auch lieber nicht in Versuchung geführt werden. Und wenn es aus Gottes Sicht nicht anders geht, dann verläßt er sich nicht auf sich selbst, sondern bittet hilferufend um Gnade. So ist das Gebet des Vaterunsers eine sehr gute Vorbeugung gegen Selbstvertrauen.

Aufforderung zu gegenseitiger Fürbitte

Dieser Vers ist auch eine Aufforderung zu gegenseitiger Fürbitte. Denn Jesus lehrt uns beten: *„Und führe uns nicht in Versuchung, sondern errette uns von dem Bösen! (Matthäus 6,13)* Jesus möchte, daß wir in unseren Anfechtungen und Schwächen auch füreinander eintreten.

Wir wollen einander helfen und füreinander in unseren Anfechtungen beten. Der eine fällt immer wieder in **die Falle seines alten Temperamentes** und läßt sich zur Unbeherrschtheit verleiten. Es gab eine Zeit in meinem Leben, da bat ich Jesus, mich vor Menschen zu bewahren, die mich provozierten. Denn jedesmal gingen meine Nerven mit mir durch, und ich versagte. Wir wollen uns nicht gegenseitig versuchen, sondern uns helfen, in unseren Anfechtungen weit zu überwinden.

Wenn du **auf sexuellem Gebiet** Anfechtungen hast, dann wollen wir mit dir beten, daß Gott dich bewahren möge. Ein Bruder sagte mir einmal: „Wenn Gott mich nicht bewahrt hätte, wäre ich tief gefallen. Die fremde Frau und ich waren schon zu einem Seitensprung bereit, aber jedesmal wurden wir gründlich gestört, so daß es nicht geschehen konnte." Unter Tränen sagte er mir: „Wenn Gott die Gelegenheiten nicht immer zerstört hätte, wäre ich in schwere Sünde und Verstrickung geraten." Laßt uns füreinander beten, daß wir nicht in Sünde fallen.

Manchen Christen wird **Armut** zur Versuchung, an ihrem Gott zu verzweifeln. Andere müssen ein **endloses Leiden** aushalten und hören wie bei Hiob die eigene Frau rufen: *„Sage Gott ab und stirb!" (Hiob 2,9; LÜ '84)*. Manche müssen ihre liebsten Menschen hergeben. Der Tod ihres Sohnes oder ihres geliebten Mannes wird zu einer bitteren Anfechtung. Andere läßt Gott versuchen, indem der Teufel sie reich macht. Sie geraten in Stricke und lassen sich vom Wohlstand binden. Andere Christen erleben furchtbare Verfolgung am Arbeitsplatz, in der Schule oder in der ungläubigen Familie. Laßt uns demütig sein und uns auf nichts anderes verlassen als allein auf die Gnade Gottes. Sie kann uns vor und auch in der Versuchung bewahren. Amen!

Gebet

Jesus, Du wurdest versucht in allen Dingen wie wir. Daher verstehst Du mich, wenn ich jetzt geprüft werde. Danke, daß ich der Versuchung nicht hilflos ausgeliefert bin, denn als Dein Kind weiß ich, daß Du mir in Deiner Gnade beistehst. Amen.

Bewahrung der Gläubigen[20]

„Und ich bin nicht mehr in der Welt, und diese sind in der Welt, und ich komme zu dir. Heiliger Vater! Bewahre sie in deinem Namen, den du mir gegeben hast, daß sie eins seien wie wir! ... Ich bitte nicht, daß du sie aus der Welt wegnimmst, sondern daß du sie bewahrst vor dem Bösen. ... Vater, ich will, daß die, welche du mir gegeben hast, auch bei mir seien, wo ich bin, damit sie meine Herrlichkeit schauen, die du mir gegeben hast, denn du hast mich geliebt vor Grundlegung der Welt.“

(Johannes 17,11+15+24; lies Vers 9-26).

Unser Text stammt aus dem sogenannten „hohenpriester-lichen Gebet" (Johannes 17). Hier betet Jesus in ganz besonderer Weise für die, die Ihm der Vater gegeben hat (Johannes 17,2), also für Seine Jünger, Seine Gemeinde. Wir wollen uns jetzt mit der Bitte Christi um **Bewahrung** der Seinen näher befassen.

Bewahrung in Gott

Wir wissen, daß es Jesus bei diesem Anliegen nicht in erster Linie um äußere Bewahrung vor Krankheit und Unfall und dergleichen geht, denn schon in der Bergpredigt lehrte uns der Herr, daß sich der himmlische Vater um das äußere Wohlergehen kümmert und wir uns um die Zukunft unseres Lebens nicht sorgen müssen. Er versorgt die Vögel unter dem Himmel und kleidet die Lilien auf dem Felde (Matthäus 6,26+28). Und *„seid ihr nicht viel wertvoller als sie?"* Natürlich dürfen wir trotzdem um Bewahrung beten, wenn wir ins Auto steigen und uns auf eine längere Reise begeben oder wenn wir eine schwierige Situation bewältigen müssen.

---

[20] Predigt von Sonntag, 05. 09. 1999 / 09.30 Uhr

In diesem Gebet geht es aber nicht um die äußere Bewahrung der Gläubigen, sondern um die **„Bewahrung in Gott"**. *„Bewahre sie in deinem Namen" (Johannes 17,11)*, betet Jesus wörtlich. Anders ausgedrückt: „Bewahre sie in Dir selbst, lieber Vater." Das bedeutet also, daß unser geistliches Leben bewahrt werden soll, unser Glaube und unser Sein in Gott.

Das geht verstärkt auch aus Vers 15 hervor. Dort sagt Jesus: *„Ich bitte ..., ... daß du sie vor dem Bösen bewahrst."* Damit ist natürlich die verderbliche Sünde gemeint und auch der Teufel, der in der Bibel ja immer wieder „der Böse" genannt wird. Und die Natur des Bösen ist es, uns durch Sünde von Gott zu trennen und uns für ewig zu verderben, denn der Lohn der Sünde ist der Tod. Ja, der Böse will sogar Gotteskindern das Heil wieder rauben, und er tut alles, *„um, wenn möglich, auch die Auserwählten zu verführen" (Matthäus 24,24)*. Dabei freue ich mich besonders über den Zusatz *„wenn möglich"*! Denn auf die Frage: „Ist es möglich, daß die Auserwählten Gottes verlorengehen?", gibt es nur eine biblische Antwort, und die lautet klar und deutlich: „Nein! Es ist nicht möglich!" Und warum nicht?

In Römer 8,39 sagt Paulus, daß uns nichts *„scheiden kann von der Liebe Gottes"* – *„weder Tod noch Leben, weder Engel noch Mächte noch Gewalten, weder Gegenwärtiges noch Zukünftiges, weder Hohes noch Tiefes noch eine andere Kreatur" (Römer 8,38-39; vgl. Römer 8,31-39; LÜ '84)*.

Gott erhört das Gebet, das Er uns durch Jesus gegeben hat

Die Begründung dafür liegt u.a. in der Tatsache, daß Jesus im „Vaterunser" uns beten lehrt: *„Führe uns nicht in Versuchung, sondern erlöse uns von dem Bösen" (Matthäus 6,13)*. Erhört Gott ein Gebet, das Er uns selber durch Seinen Sohn gegeben hat? Natürlich! Davon sind alle Christen überzeugt. Aber manche zweifeln wohl doch und fragen sich: Wer weiß, ob uns am Ende nicht doch das Böse überrumpelt und uns für immer von Gott wegbringt? Warum mißtraust du deinem himmlischen Vater? Es wäre schade, wenn du nicht an einen Gott glaubst, der Gebet erhört und der dich von der Macht und Konsequenz des Bösen erlöst. Vertraue Ihm doch, daß Er auch dein „Vaterunser" erhört! Ich spreche dabei natürlich von solchen Menschen, die es mit Ernst beten, denn *„des Gerechten Gebet vermag viel, wenn es ernstlich ist" (Jakobus 5,16)*.

Du sagst vielleicht: „Ich muß aber wollen, sonst erlöst Gott mich nicht vom Bösen." Dabei vergißt du, daß dein verkehrter Wille auch zum Bösen gehört. Wenn du betest: *„Erlöse mich vom Bösen"*, erlöst Gott dich von allem, was böse ist – auch von deinem bösen Willen. Dann gibt Er dir einen guten Willen, denn Er wirkt ja beides, das Wollen und das Vollbringen (Philipper 2,13). Darum glaube doch, daß Gott das Gebet Seiner Kinder erhört, und vertraue Ihm, daß Er dich wirklich vom Bösen erlöst, wenn du das „Vaterunser" betest!

Gott erhört das Gebet Seines Sohnes Jesus

Aber es gibt noch eine bessere Botschaft: Kinder Gottes gehen nicht nur deswegen nicht verloren, weil Gott ihr Gebet erhört, sondern weil Er das Gebet Seines Sohnes erhört! Denn auch Jesus betet, daß der Vater die Seinen vor dem Bösen bewahren und im Glauben erhalten möge (Johannes 17,12). Glaubst du nicht, daß Gott die Gebete Seines Sohnes erhört? Wie kannst du dann glauben, daß Er irgendeines *deiner* Gebete erhört? Wenn wir nicht darauf vertrauen, daß die Gebete Jesu erhört werden, ist es unmöglich zu glauben, daß unser Beten irgendeinen Sinn hat.

Aber Preis sei Gott: Der Vater erhört die Gebete Seines Sohnes, denn Jesus sagte selber bei der Auferweckung des Lazarus: *„Vater, ich weiß, daß du mich allezeit erhörst" (Johannes 11,42; Sch)*. Wir können uns also darauf verlassen, daß der Hohepriester Jesus für die Seinen betet und Er Erhörung findet in dem, worum Er bittet, nämlich daß wir erhalten werden in dem Namen des Vaters und bewahrt werden vor dem Bösen.

Im Hebräerbrief kommt dieser Gedanke ebenfalls sehr stark zum Ausdruck. Dort heißt es: *„Christus ist nicht hineingegangen in ein mit Händen gemachtes Heiligtum, ... sondern in den Himmel selbst, um jetzt v o r d e m A n g e s i c h t G o t t e s f ü r u n s z u e r s c h e i n e n "* (Hebräer 9,24). Und in Hebräer 7, 24-25 lesen wir: *„Dieser aber, weil er in Ewigkeit bleibt, hat ein unveränderliches Priestertum. Daher kann er auch v ö l l i g e r r e t t e n , die sich durch ihn Gott nahen, weil er immer lebt, u m s i c h f ü r s i e z u v e r w e n d e n ."*

Christus ist unser Hoherpriester, der für uns betet. Darum kann unsere ängstliche Seele zur Ruhe kommen. Manche angefochtenen Christen können ihres Heils nämlich nicht glücklich werden und zweifeln noch immer, ob sie das ewige Leben erreichen, weil sie sich nicht würdig oder treu genug fühlen und befürchten, am Ende doch zu versagen. Wer glaubt, daß es von ihm abhängt, ob er das ewige Ziel erreicht oder nicht, wird immer von Verdammnisängsten gequält werden.

Dir möchte ich zurufen, du geplagte Seele: Du darfst als Gotteskind dein Glaubensleben und dein ewiges Heil getrost in die Hände Jesu legen, denn Er garantiert durch Sein Leiden und Sterben und auch durch Sein Gebet deine Bewahrung bis ans Ende. Deshalb sagt Jesus in Johannes 10,28-29: *„Ich gebe ihnen [d.h. den an Ihn Gläubigen] ewiges Leben, und sie g e h e n n i c h t v e r l o r e n i n E w i g k e i t , und niemand wird sie aus meiner Hand rauben. Mein Vater, der sie mir gegeben hat, ist größer als alle, und niemand kann sie aus meines Vaters Hand rauben."*

„Sie gehen nicht verloren in Ewigkeit", sagt Jesus. Was wollen wir an einem solchen Wort biegen oder drehen? „Wir können uns selbst aus der Hand Jesu reißen", meint jemand. Aber wie kann Jesus dann sagen, daß niemand es kann und daß der Vater größer ist *als alle*? Bin ich selbst doch größer als der

Vater, bin ich stärker als Er, daß Seine Hand mich nicht halten kann? Wenn ein Vater mit seinem Kind eine Straße überqueren will und das Kleine versucht, sich von seiner Hand loszureißen, wird er das doch niemals zulassen, nicht wahr? Und wenn schon ein irdischer Vater in der Lage ist, sein Kind vor Schaden zu bewahren, um wieviel mehr kann das dann der himmlische Vater! Denn nicht in uns selbst liegt unsere Hoffnung, sondern in der mächtigen Hand Gottes. Darum vertraue Ihm, daß Er dich bewahrt, und setze deine Hoffnung nicht auf das, was du tust, sondern allein auf Christus.

Gott vollendet Sein Gnadenwerk

Denn es ist nicht die Lehre der Bibel, daß Gott in einem Menschen das Werk der Gnade beginnt und ihn dann sich selbst überläßt, so daß er sich zugrunde richtet und somit den ursprünglichen Heilsratschluß Gottes über sich vereitelt. Das sehen wir z.B. an der dramatischen Geschichte des Petrus, der sich aus der Hand Gottes reißen wollte, es aber nicht schaffte. Dieser Jünger Jesu hat nicht nur dreimal den Herrn verleugnet, sondern er hat Ihm auch dreimal abgesagt. Beim ersten Mal log er, beim zweiten Mal sagte er sich unter Eid von Christus los, und beim dritten Mal verfluchte sich Petrus sogar. Wir lesen in Matthäus 26,69-74: *„Petrus aber saß draußen im Hof; und es trat eine Magd zu ihm und sprach: Auch du warst mit Jesus, dem Galiläer. Er aber leugnete vor allen und sprach: Ich weiß nicht, was du sagst. Als er in das Torgebäude hinausgegangen war, sah ihn eine andere; und sie spricht zu denen, die dort waren: Auch dieser war mit Jesus, dem Nazoräer. Und wieder leugnete er mit einem Eid: Ich kenne den Menschen nicht! Kurz nachher aber traten die Umstehenden herbei und sprachen zu Petrus: Wahrhaftig, auch du bist einer von ihnen, denn auch deine Sprache verrät dich. Da fing er an, sich zu verwünschen und zu schwören: Ich kenne den Menschen nicht! Und gleich darauf krähte der Hahn."*

Wenn jemand durch Schwören und Fluchen anzeigt, daß er nichts mit Christus zu tun haben will, hat er sich da nicht bewußt und mutwillig aus der Hand Gottes gerissen? Ganz gewiß! Aber wir wissen, daß Christus diese Krise des Petrus vorausgesehen und zu ihm gesagt hatte: *„Simon, Simon! Siehe, der Satan hat euer begehrt, euch zu sichten wie den Weizen. Ich aber"*, sagt der Hohepriester Jesus, *„habe für dich gebetet, daß dein Glaube nicht aufhöre"* (Lukas 22,31-32).

Jesus sagte nicht, daß Er für Seinen Jünger beten werde, wenn die Anfechtung kommt, sondern daß Er bereits gebetet habe. Als die aktuelle Stunde der Versuchung kam, war Petrus in Sicherheit, denn die Angelegenheit war bereits im Himmel geklärt, bevor er in diese große Sünde fiel. Denn wenn Jesus für Seine Kinder betet, daß ihr Glaube nicht aufhören möge, wird ihr Glaube auch nicht aufhören. Er mag unterbrochen werden, aber er wird nicht aufhören, denn Christus betet für die Seinen: *„Ich bitte nicht, daß du sie aus der Welt wegnimmst, sondern daß du sie bewahrst vor dem Bösen"* (Johannes 17,15).

Das Gesamtzeugnis der Bibel

Die Bibel spricht auch an vielen anderen Stellen davon, daß Jesus und der Vater sich für wiedergeborene Gotteskinder verwenden und sie bewahren wird. Wir lesen z.B.:

„Der Herr ist treu; der wird euch stärken und bewahren vor dem Bösen" (2. Thessalonicher 3,3; LÜ '84).

„Sind wir untreu, so bleibt er treu; denn er kann sich selbst nicht verleugnen" (2. Timotheus 2,13; Sch).

„Ich bin davon überzeugt, daß der, welcher in euch ein gutes Werk angefangen hat, es auch vollenden wird bis auf den Tag Jesu Christi" (Philipper 1,6; Sch).

„Damit das Wort erfüllt würde, das er sprach: Von denen, die du mir gegeben hast, habe ich keinen verloren" (Johannes 18,9).

„Dies aber ist der Wille dessen, der mich gesandt hat, daß ich von allem, was er mir gegeben hat, nichts verliere, sondern es auferwecke am letzten Tag" (Johannes 6,39).

„Welcher euch auch bis ans Ende befestigen wird, so daß ihr unverklagbar seid am Tage unsres Herrn Jesus Christus" (1. Korinther 1,8; Sch).

Noch deutlicher wird diese Wahrheit von der Bewahrung der Gläubigen in Vers 24 im hohenpriesterlichen Gebet in Johannes 17. Da sagt Jesus: *„Vater, i c h w i l l, daß die, welche du mir gegeben hast, auch b e i m i r s e i e n, w o i c h b i n, damit s i e m e i n e H e r r l i c h k e i t s c h a u e n."* Darum geht es Jesus, und Er wird Sein Ziel nicht verfehlen. Seine priesterliche Fürbitte wird uns bis nach Hause tragen in die himmlische Heimat. Charles Spurgeon sagte sinngemäß: Uns werden nicht feurige Rosse und Wagen zum Himmel bringen, sondern uns tragen die Gebete des Herrn nach Hause.[21]

Ein Wort an vier Gruppen

Zuletzt noch ein Wort an vier Gruppen. Als erstes *an die Alternden*: Ihr müßt Euch nicht länger auf Eure Treue und Eure christlichen Werke verlassen und dabei ängstlich zweifeln, ob Ihr nun auch wohlgefällig genug seid. Ihr dürft Euch statt dessen auf Jesu Gerechtigkeit und Seine Fürbitte verlassen. Wenn du nicht mehr beten kannst, dann schließe einfach die Augen und laß Ihn für dich beten!

Ein Wort *an die Jungen*: Ihr seht trotz Eures Eifers für Gott Eure Unzulänglichkeit und Eure Sünde, die Euch immer noch anklebt. Werdet nicht mutlos und seid nicht traurig: Jesus betet für Euch! Das ist Eure Hoffnung.

---

[21] C. H. Spurgeon. The Metropolitan Tabernacle Pulpit. Vol. XXXII. Pilgrim Publications: Pasadena, 1986. Predigt „Why they leave us" gehalten am Sonntag, 21. März 1886 (unter Punkt II)

Ein Wort *an die Frechen*, die glauben, diese Gnade Christi mißbrauchen zu können, und die Seine Fürbitte als Alibi für Sünde sehen. Ich sage solchen: Obwohl Ihr eine gewisse Kenntnis des Evangeliums erlangt habt, seid Ihr dennoch nicht errettet. Ihr gehört noch zur Welt, und für die betet Jesus nicht. Wer die Gnade Gottes kennt, sie aber schmäht, indem er sie als Bedeckung für seine Sünde benutzt, hat nicht den Geist Christi.

Solche Menschen sind elende Schlitzohren, aber keine wahren Christen. Der Hebräerbrief beschreibt solche Menschen so: *„Wenn wir mutwillig sündigen, nachdem wir die Erkenntnis der Wahrheit empfangen haben, bleibt kein Schlachtopfer für Sünden mehr übrig, sondern ein furchtbares Erwarten des Gerichts und der Eifer eines Feuers, das die Widersacher verzehren wird. Hat jemand das Gesetz Moses verworfen, stirbt er ohne Barmherzigkeit auf zwei oder drei Zeugen hin. Wieviel schlimmere Strafe, meint ihr, wird der verdienen, der den Sohn Gottes mit Füßen getreten und das Blut des Bundes, durch das er geheiligt wurde, für gemein erachtet und den Geist der Gnade geschmäht hat? Denn wir kennen den, der gesagt hat: ‚Mein ist die Rache, ich will vergelten‘; und wiederum: ‚Der Herr wird sein Volk richten.‘ Es ist furchtbar, in die Hände des lebendigen Gottes zu fallen!"* (Hebräer 10,26-31).

Vielleicht bist du ein Kind gläubiger Eltern und bist durch die Gnade Gottes durch deine Eltern geheiligt, wie es der Schreiber des Hebräerbriefes hier sagt, oder du bist als ungläubiger Ehemann durch deine gläubige Frau geheiligt (vgl. 1. Korinther 7,14). Du kennst das Evangelium, aber du benutzt es nur als Alibi für dein sündiges Leben. Ich möchte dich und alle anderen von ganzem Herzen warnen, die Namenschristen, Mitläufer oder Widersacher Gottes sind: Tut Buße und bekehrt Euch, denn *„schrecklich ist's, in die Hände des lebendigen Gottes zu fallen!"* (Hebräer 10,31; LÜ '84).

Und als letztes ein Wort *an die aufrichtig Suchenden*: Möchtest du, daß Christus auch für dich beim Vater eintritt und für dich betet? Dann darfst du nicht mehr zur Welt gehören, denn für die betet Jesus nicht. Darum komm heraus aus dem System dieser Welt und übergib dich ganz und gar Jesus. Bekenne Ihm deine Sünde und bitte Ihn, doch auch für dich zu beten. Er wird es tun und dich sicher ins ewige Leben bringen. Wenn du jetzt den Namen des Herrn anrufst, wirst du errettet werden, und zwar für immer und ewig. In Jesu Namen. Amen.

Gebet

Vater im Himmel, ich danke Dir, daß Du das Gebet Jesu um Bewahrung für Seine Jünger immer noch erhörst. Daher darf ich getrost durch diesen Tag mit Dir gehen, denn ich weiß, daß mich nichts aus Deiner Hand reißen oder von Deiner Liebe trennen kann. Amen.

Warum Christen sterben[22]

„Vater, ich will, daß die, welche du mir gegeben hast, auch bei mir seien, wo ich bin, damit sie meine Herrlichkeit schauen."

(Johannes 17,24)

Es geht Jesus also darum, daß Seine Auserwählten in der ewigen Herrlichkeit Gottes leben sollen. Dorthin will Er sie haben. Schon Seine Anrede „Vater" macht das Ziel klar, wohin die Gotteskinder gehen. Vom Vater sind wir gekommen, und zu Ihm werden wir gehen. Wenn wir beten „himmlischer Vater", dann schwingt bei wahren Christen immer Heimweh mit. Wenn wir rufen: „Abba, lieber Vater", dann bekunden wir damit, daß wir auf dem Weg ins Vaterhaus sind. Dort, bei unserem Herrn und Gott, von dem wir kommen, ist unser Vaterland und unsere Heimat, nämlich das himmlische Jerusalem, unser Zuhause.

Das heißt, wenn Gotteskinder sterben, ereignet sich kein Unglück. Warum wollen wir unsere Heimgehenden aufhalten? Warum erlauben wir ihnen nicht, freudig zum Himmel zu gehen? Es erfüllt sich doch nur Jesu Gebet, daß Er die Seinen bei sich in Seiner Herrlichkeit haben will. Wenn wir diese Welt verlassen, sehen wir endlich, was wir von ganzem Herzen geglaubt haben! Wie kann das für einen Christen ein Unglück sein, wenn eintritt, was sein ganzes Lebensziel war?

Leider sind viele Gotteskinder noch sehr an die Diesseitigkeit gebunden. Das kommt häufig auch durch ein verkrampftes Gebet um Heilung zum Ausdruck. Eigentlich möchte man ja niemals sterben, selbst wenn der Kranke schon 100 Jahre alt ist. Diese verbissene Haltung hindert uns aber daran, uns unserer himmlischen Berufung zu erfreuen.

Vielleicht warst du gerade beim Arzt und hast erfahren, daß du ernsthaft krank bist. Es scheint, als ob dein himmlischer Vater dich heimruft. Sei nicht bestürzt, sondern freue dich von

---

[22] Radiosendung von Sonntag, 19. 12. 1999

Herzen auf deine Heimat im Himmel! Denn wenn es Abend in unserem Leben geworden ist und der Vater ruft, ist doch das Ziel unseres Lebens erreicht! Wollen wir klagen, daß wir sterben müssen, daß wir krank und hinfällig sind? Wir sollten uns über unsere Schwachheit freuen, denn sie zeigt uns doch, daß wir bald unser Ziel erreicht haben und nach Hause dürfen. Wollen wir denn hier ewig leben? Soll diese vergängliche Erde denn unser Himmel sein? So wunderbar körperliche Heilung auch ist, sie ist aber nicht die Herrlichkeit, die wir in Wahrheit suchen. Heilung ist nicht das Vollkommene, sondern sie ist immer nur ein Zeichen auf die wahre Herrlichkeit, die noch kommen wird. Aber für viele Christen ist das Thema Heilung leider ihre ganze Religion geworden, und sie spüren überhaupt kein Verlangen zum Himmel. Da stimmt es mit ihrem Glauben nicht. Wenn sich ein Christ nur Gesundheit für den Leib und ein langes Leben wünscht, muß ich ihn fragen: Hast du keine größere Hoffnung? Ist denn irdisches Wohlergehen und Glück das Lebensziel für Gotteskinder? Wir hätten dann nicht mehr als die Gottlosen.

Aber laß dir sagen: Wir haben eine höhere Bestimmung, denn wir gehen heim zum Vater! Darum betet Jesus: *„Vater, ich will, daß die bei mir seien, die du mir gegeben hast."* Wenn ein Christ heimgeht, wird also nur das Gebet Jesu erhört. Und ein vom Heiligen Geist geleiteter Mensch sagt letzten Endes „Amen" auch zum Heimgang von geliebten Angehörigen und Freunden. Die Trennung schmerzt natürlich, und wir verlieren etwas für diese Zeit. Aber wir wissen, daß wir von unseren Geschwistern nur für einen kleinen Augenblick getrennt sind und sie bald im Himmel wiedersehen werden.

Wir lernen also, daß es Jesu Gebet ist, das unseren Heimgang bewirkt. Die Macht, die uns nach Hause zieht, liegt in den Worten Jesu: *„Vater, ich will"*. Wenn Er betet: *„Vater, ich will, daß die, welche du mir gegeben hast, bei mir seien, wo ich bin"*, legt Er Seine göttliche Energie in dies Gebet der Heimbringung der Heiligen hinein. Er will sie beim Vater im Himmel haben. Darum sorge dich nicht, lieber Christ, über das, was morgen und übermorgen geschieht. Mach dir keine Gedanken um deinen Heimgang, deine Krankheit oder Gesundheit. Übergib einfach alles deinem himmlischen Vater, denn in Seinen Händen steht deine Zeit (Psalm 31,16). Und ist es nicht schön, daß wir im Himmel erwartet werden?

Unser Herr sehnt sich nach Seiner Gemeinde. Sie ist doch Seine Braut. Wären das nicht eigentümliche Verlobte, die niemals heiraten wollen? Und was für eine komische Liebe hast du zu deinem himmlischen Bräutigam, daß du dich nicht danach sehnst, bei Ihm zu sein? Jesus will Hochzeit feiern. Darum heißt es in der Bibel: *„Kostbar ist in den Augen des HERRN der Tod seiner Frommen" (Psalm 116, 15).* Natürlich nicht, weil Gott an unserem Todesleiden Gefallen hätte, sondern weil Er uns durch den Tod endlich zum ewigen Leben hinführen will! Laßt uns die Heimgehenden also nicht aufhalten bei ihrer Reise in die Herrlichkeit. Ringe Gott keine Menschen ab, auch wenn sie dir noch so lieb sind. Wenn du sie wirklich lieb hast, dann läßt du sie in Frieden gehen und weist ihre Herzen bewußt auf den Himmel hin.

Ich erinnere mich gern an den Heimgang meiner Mutter. Sie hatte lange mit ihrer Krankheit gekämpft und wollte noch gerne auf dieser Erde sein. Eines Tages aber hatte sie eine Schwelle überschritten. Als ich dann zu ihr sagte: „Mama, wir beten für dich. Gott wird dich noch gesund machen", war ihre Antwort: „Das wäre ja schrecklich!" Sie wollte heim. Warum halten wir am irdischen Leben fest, als gäbe es nur in dieser Welt Freude? Hänge doch nicht an deinem Mann, deiner Frau, deinen Kindern, Eltern oder Freunden, als könntest du ohne sie nicht leben.

Laßt uns noch einige Verse aus der Bibel betrachten, die uns deutlich machen, wie sehr sich Menschen auf den Himmel gefreut haben. Paulus sagt nicht: „Christus ist mein Leben, und

Sterben ist mein Verlust", sondern: *„Christus ist mein Leben, und S t e r b e n i s t m e i n G e w i n n" (Philipper 1,21; LÜ '84).* Zwei Verse weiter lesen wir: *„Ich habe Lust, abzuscheiden und bei Christus zu sein, denn es ist weit besser."* Und im 2. Korintherbrief heißt es: *„Wir sind aber getrost und haben vielmehr Lust, den Leib zu verlassen und daheim zu sein bei dem Herrn" (2. Korinther 5,8; LÜ '84).* Welch eine Freude klingt aus solchen Worten und welch eine Gewißheit! So sollte auch dein Herz gestimmt sein, wenn du an deinen Heimgang denkst. Wir müssen noch das Tal des Todes durchschreiten, aber es ist nur das Tor zur Herrlichkeit Gottes! Jesus betet, daß wir Seine Herrlichkeit sehen sollen. Ja, wir werden Ihn sehen von Angesicht zu Angesicht. Welch ein Tag und welch ein Jubel wird das sein, wenn der Heiland kommt, um uns heimzuholen in Sein ewiges Reich!

Gebet

Lieber Vater im Himmel. Ich danke Dir, daß ich Dein Kind sein darf und daß ich deshalb bei Dir meine Heimat habe. Danke, daß ich eines Tages mit Dir und Deinem lieben Sohn, meinem Herrn und Heiland Jesus, für immer Gemeinschaft haben werde. Bitte bewahre mich vor falschen Sicherheiten und Sehnsüchten auf dieser Erde, sondern richte mein ganzes Sinnen und Trachten auf Dich und die ewige Heimat bei Dir. Hab Dank dafür. Amen.